世界最高のチーム

THE BEST TEAM

Piotr Feliks Grzywacz
ピョートル・フェリクス・グジバチ 著

グーグル流
「最少の人数」で「最大の成果」を生み出す方法

朝日新聞出版

はじめに――グーグルでなくてもできる最高のチームづくり

「それって、グーグルさんだからできるんでしょ？」

経営コンサルタントとして日本企業の人事担当者とお話ししていると、よく困ったような顔でそう言われます。

僕はすぐに否定します。

「違いますよ、本当に簡単。どの会社でもできますよ！　グーグルだけじゃない、結果を出している日本企業がやってきたことだし、やっていることですよ」

この本では「グーグルで学んだ世界最高のチームづくり」をテーマにしていますが、と同時に、「グーグルじゃなくてもできる」ということも説明していきます。

チームづくりの原理原則は、世界共通です。もっとも大切なのは、「社員の心理的安全性」。もちろん、グーグルでも「心理的安全性」を大切にしています。第1章で詳しくお話しするように、グーグルで実施されたプロジェクト・アリストテレスが「心理的安全性」の重要性を明らかにしたことで世界的に注目されるようになったため、このキーワードをすでにご存じの方も多いと思います。

心理的安全性とは、「自分らしさを発揮しながらチームに参画できる」という実感のこと。だれしも「チームの一員として認められたい」という気持ちを持っていると思いますが、簡単に言ってしまえば、その気持ちを大切にしましょうという、それだけのことです。しかも、それは結果を出している世界中のチームがやっていることなのです。

日本を代表する起業家の一人であるサイバーエージェントの藤田晋さんは、自著『起業家』（幻冬舎）の中で、創業5年目の2003年ごろの話として、次のように語っています。

「時代に逆行するように、『終身雇用を目指す』という方針を打ち出したところ、いつ消えるかわからなかった会社がそんな言葉を使い始めたことによって、社内にさまざまな意識の変化が起きていきました。

（中略）

その頃のサイバーエージェントの社内は、黒字化し始めたことによって明るさが芽生え、もともと持っていた前向きで元気な姿を取り戻しつつありました。

そこへ『終身雇用を目指す』『長く働く人を奨励する』というメッセージは、深く届いたようでした」

本当に「終身雇用」がいまの時代にあった施策であるかどうかはともかくとして、少なくとも、「終身雇用を目指す」という方針が社員の心理的安全性を高めたことは簡単に想像ができます。「社内飲み会」を奨励した――毎月目標を達成した部署には飲み代を支給し、翌日の半休もセットにした――ことも、効果的だったそうです。

その結果、サイバーエージェントの根幹を支える理念が社内でより深く共有されるようになり、チームとしての一体感が増していったことが、ベンチャーだった同社のその後の躍進につながったのだと思います。

＊　＊　＊

では、実際にチームメンバーの心理的安全性を高め、チームの成果に結びつけていくには、どうすればいいのか——。このあと、第1章から丁寧に説明をしていきます。

図表1を見てください。これは、世界的な経営思想家であるゲイリー・ハメル氏が提示した「能力のピラミッド」というフレームワークです。ハメル氏は『経営は何をすべきか』（有賀裕子訳、ダイヤモンド社）という自著の中で、次のように語っています。

「企業が繁栄するかどうかは、あらゆる階層の社員の主体性、想像力、情熱を引き出せるかどうかにかかっている。そしてそのためには、全員が自分の仕事、勤務先やその使命と精神面で強くつながっていることが欠かせない」

この本でも、チームメンバーの能力をレベル4、5、6へと高めていくことを目指しています。つまり、チームの「心理的安全性」を高めることで、チームメンバーの「主体性、創造性、情熱」を引き出していこうというわけです。心理的安全性の低いチームは、メンバーの能力をレベル1か2、せいぜい3までしか引き出せず、早晩、衰退することでしょう。

ちなみに、リクルートキャリア就職みらい研究所の「働きたい組織の特徴（2018年卒）」によると、アンケートに答えた大学生の41％が「異動や配置を通じ、会社が個人の

●図表1　能力のピラミッド

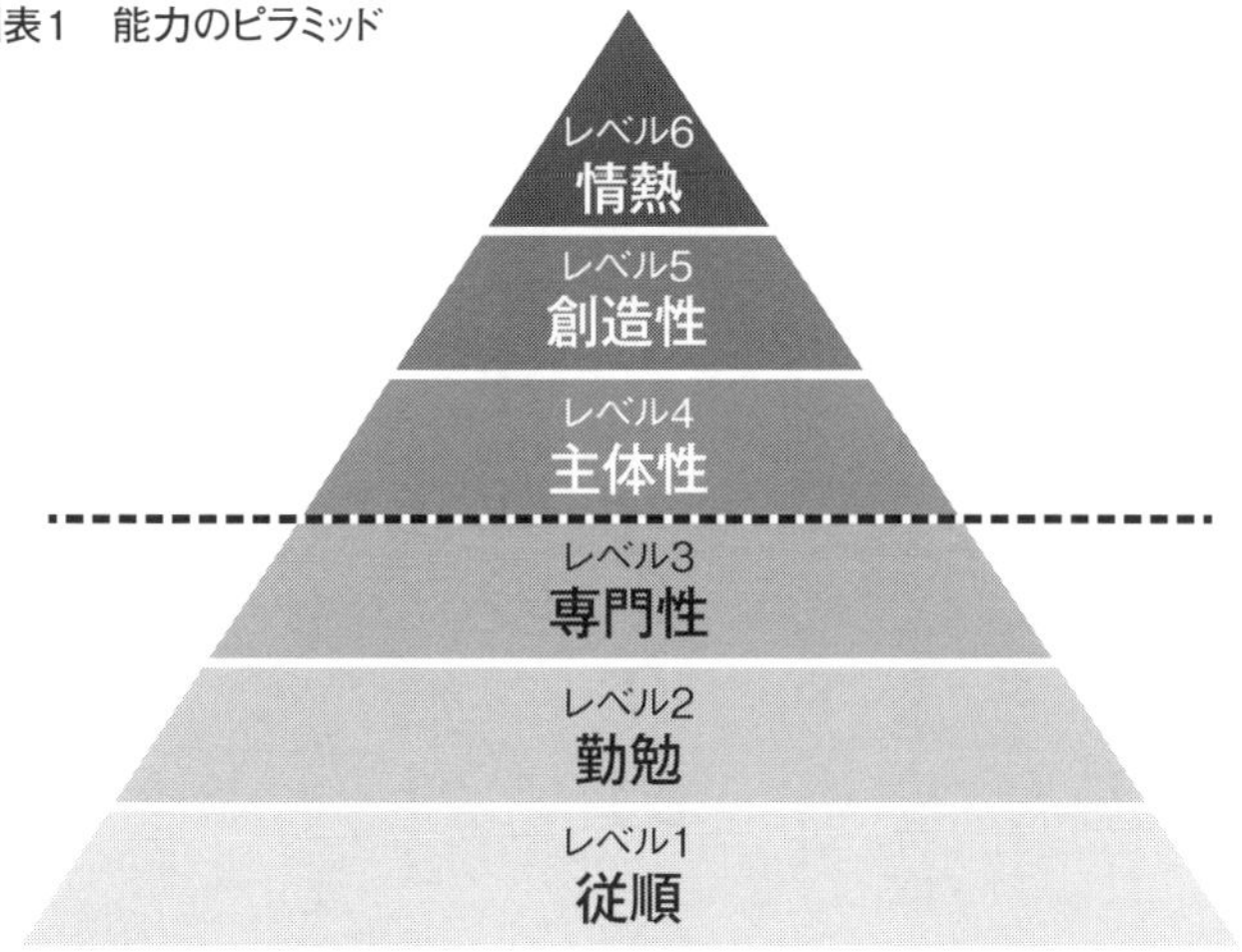

出典：『経営は何をすべきか』（ゲイリー・ハメル著、ダイヤモンド社）を基に作成

キャリアステップを考えてくれる」ことを望んでいるのだそうです。約4割が自分のキャリアを会社任せにしているとも言えますが、それだけ、上司（マネジャー）が新入社員（チームメンバー）の主体性、創造性、情熱を引き出していく重要性が増しているとも言えそうです。

それでは、「世界共通のチームづくりのルール（第1章）」から解説を始めましょう。

この本がヒントとなって、みなさんのチームが「世界最高」と胸を張れる唯一無二の存在となることを心から願っています。

世界最高のチーム　──グーグル流「最少の人数」で「最大の成果」を生み出す方法◎目次

第2章

「愚痴」も「もめごと」もチームにとってよいこと

第3章

チームのパフォーマンスを向上させる「良質な会話」

第4章 〝一瞬〟で差をつける「チーム時間」の使い方

第5章
「最少の人数」で「最大の成果」を生み出す方法

第6章 劇的に生産性を上げる仕組みのつくり方

◎編集協力　高橋和彦
◎装　丁　竹内雄二
◎本文デザイン　蛭間勇介

第1章

世界共通のチームづくりのルールとは

抜きん出た成果を上げるには、多様性に富んだ「集合知」が不可欠

アメリカのビジネス誌「フォーチュン」が毎年発表している「働きがいのある会社ベスト100」で、「グーグル」（持株会社はアルファベット）はここ10年ほどの間に何度も（2017年、2016年、2015年、2014年など）第1位に選ばれているそうです。グーグルのどこがそんなに魅力的なのでしょうか。

社員食堂がタダだから？　マッサージルームがあるから？　福利厚生や給料がいいから？　まあ、違うでしょうね。自由な発想で個人の能力を思う存分、発揮できるから？　グーグルというと、そんなふうにイメージする人が多いかもしれません。

でも、グーグルのアジア・パシフィック地域の人材育成のヘッドとして「グローバル・ラーニング・ストラテジー」（グローバル人材の育成戦略）の作成にもかかわるなど、グーグルの人事畑で働いていた僕の実感では、それもちょっと違います。

僕が思うグーグルの一番の魅力は、じつは「チームを大事にするところ」なのです。

世界のビジネスの最前線では、いわば「チームづくり」というものが改めて見直されるようになっています。どうしてでしょうか。

それは、今日の変化の激しいビジネス環境の中で抜きん出た成果を上げるためには、ダイバーシティ（多様性）に富んだ「集合知」が不可欠だからです。

まあ、考えてみれば当たり前のことですね。１人でできることには限界がある。２人よりも３人、３人よりも４人でつくったほうがいいものができる可能性が高い。しかも集合知というのは、単純な足し算ではありません。いわば掛け算、つまり指数関数的に増えていくものなのです。

思いもよらないシナジー（相乗効果）を生むためにチームで考えながら動く――。**当然ながら、チームをまとめるマネジャーの役割は非常に大事になってきます。**それは、グーグルでも変わりません。

優秀なチームなら、マネジャーはいらない？

あんなに優秀な人材が集まっているのに、いまさらマネジャー？　チームプレイ？　個人プレイで十分でしょ？　そんな違和感を覚える人も少なくないと思います。

実際、グーグルの中にも以前はそう感じていた人たちがいました。急先鋒は他でもありません、創業者のラリー・ペイジとセルゲイ・ブリン——。彼らは言いました。

「チームにマネジャーっていらないんじゃない？　だって、チームのメンバーはみんなスタンフォード大学とかを出ていて、めっちゃ頭いいし、価値観とかも正しいし、マネジャーがいなくても一人でなんでもやっていけるでしょ？　マネジャーって、コストがかかるばっかりだから、もういらないじゃん！」

それを聞いた人事部門の人たちはびっくりしたわけです。

「違う、違う。マネジャーには役割があって、チームを支える仕事をしているんだよ！」

「ふ〜ん、じゃあ、そのエビデンス（科学的根拠）は？」

何事もしっかりエビデンスを探して、根本のレベルまで落としていくというのがグーグルの「カルチャー」です。

エンジニアリング会社で、しかも博士号を持っている社員の割合は、ＮＡＳＡ（アメリカ航空宇宙局）よりも高くて、企業では世界ナンバーワンと言われていました。そんなカルチャーになるのも当然といえば当然ですね。みんな学者肌というかほぼ学者で、知的好奇心が非常に強いので、いわゆる根性論はまったく通用しません。何かを議論するときには、必ず「じゃあ、エビデンスは？」となるわけです。

ということで、２００９年に行われたマネジャーの役割や仕事に関する１万人規模の社内調査が「プロジェクト・オキシジェン（Oxygen、酸素）」でした。

マネジャーの言動がチームのパフォーマンスにもっとも関係している

当たり前の話ですが、グーグルにだって成果を上げているチームもあれば、上げていないチームもあります。

メンバーは同じように優秀なのに、なぜそういう差が出るのか。たとえば、同じ人がこっちのチームでは成果を上げていたのに、あっちのチームに入ったとたん成果を上げなくなったということも、ごく普通に起こっている。それはどうしてなのか。マネジャーには大事な役割があると考えている人事の仮説は、その理由はチームをまとめているマネジャーにあるというもの――。

調査の初期段階で、人事の仮説どおり、メンバーのパフォーマンスにもっとも関係しているのはマネジャーの言動だということがわかりました。

「なるほどね。じゃあ、マネジャーの育成や採用に使えるエビデンスを出してよ！」

ラリー・ペイジとセルゲイ・ブリンは要求します（科学的な根拠が明らかになったとたん、自分たちの予断や偏見をきっぱり捨てて、すぐに方針転換をするあたりが偉いですよね）。そこで、「成果を上げているチームのマネジャーは、何をしているのか」ということをさらに調査・分析したわけです。

優秀なマネジャーの8つの特徴

プロジェクト・オキシジェンの調査・分析によって明らかになった「チームのパフォーマンスを高めるマネジャーの特性」は、次の8つでした。

①よいコーチである
②チームを勢いづけて、マイクロマネジメント（チームのメンバーに対する過度な監督・干渉）はしない
③チームのメンバーが健康に過ごすこと、成果を上げることに強い関心を持っている
④生産的で成果主義である
⑤チーム内のよき聞き手であり、メンバーと活発にコミュニケーションしている
⑥チームのメンバーのキャリア形成を手助けしている

⑦チームのためのはっきりとしたビジョンや戦略を持っている
⑧チームのメンバーにアドバイスできる専門的技術・知識を持っている

一番大事なのは「よいコーチである」こと

①〜⑧の中で一番大事なのは「①よいコーチである」こと。コーチングできることがよいマネジャーであるための土台、必須の条件です。裏返して言えば、コーチングできないマネジャーは、たとえ②〜⑧ができているとしても、結局はチームのパフォーマンスを上げることができないということです。

コーチングというのは、「おまえ、これやれ」などと指示・命令することではありません。

たとえば、「最近どうですか？　今日は少し時間を取って、いろいろお聞きしたいですね。うまくいっていることと、もう少し力を入れなきゃならないことを、ちょっと二人で一緒に整理しましょう」などと対話すること。

「なるほど、うまくいっているのはこれですね。よくできているんじゃない？　じゃあ、細かくよくできた理由を考えてみましょう。なんでこんなにうまくいっているんですか？」

そうした質問や応答を通じて、本人に自分がやっている仕事について自己認識させることが、コーチングの目的です。コーチが行う基本的な質問としては、次のような「GROW」が知られています。

・G（Goal、目標）……「あなたが望んでいること／目指していることはなんですか？」「興味があることはなんですか？」「何をもって成功したと言いますか？」「それはあなたにとってどれくらい重要ですか？」

・R（Reality、現実）……「いまどれくらいまで進んでいますか？」「あなたの同僚は状況をどう捉えていますか？」「どんな壁に直面していますか？」「いま、どんなリソース（資源）があったら目標に届きそうですか？」

・O（Option、行動計画）……「もし、いま直面している壁がなかったとしたら、どう行動しますか？」「あなたがもっとも信頼・尊敬している人が同じ状況に直面したら、どう行動しますか？」「目標達成に必要なスキルをこれから鍛えるとしたら、まず何をすることができますか？」

・W（Will、意欲）……「（今日から）どうしますか？」「1から10でいうと、どのくらいのレベルであなたはコミットしていますか？」「いつから始めますか？」「乗り越えるべき壁はなんですか？　どうやって乗り越えますか？」

コーチングというと対個人と思われがちですが、当然ながらチームでもできます。

メンバー全員が集まった場でみんなに向かって質問する。たとえば、「うちのチームはどこが強いですか？　どこが弱いですか？」「このチームはどこまで目標を達成しているんですか？　これからチームをどうしたいんですか？」

こうした質問から始まるメンバーたちのやり取りの中で、チームとしての「自己認識」を深めることができるわけです。

もちろん、こうしたチームレベルのコーチングは1対1の個人レベルのコーチングがあって初めて成り立つものです。

言うまでもなくコーチングは、「チームづくり」に欠かせない中心的なテーマです。この本ではこのあとも折に触れて、コーチングについて繰り返し述べることになるでしょう。

会社のチームは、スポーツチームに似ている

さて、グーグルのチームに関する調査・分析はプロジェクト・オキシジェンにとどまりませんでした。さらに２０１２年、「生産性の高いチームの特性」を明らかにする「プロジェクト・アリストテレス」に取りかかります。

調査対象は、エンジニアリングの１１５チームとセールスの65チームでした。**生産性の高いチームと生産性の低いチームを比べて、どんな違いがあるのか。いろいろと調査・分析したわけです。**

たとえば、チームのメンバーについて性格テストをしたり、男女比なども含めたダイバーシティを調べたり、チームリーダーたちにインタビューしたり――。

また、グループダイナミクス（メンバーの行動特性を規定している諸法則や諸要因）やスキルセット（メンバーの知識や技術）、エモーショナル・インテリジェンス（Emotional

Intelligence＝ＥＩ、心の知能）などについても調査・分析しました。

そして、メンバーたちにさまざまな質問もしたわけです。「賛成できないときに反対意見を言える雰囲気か」「ボトルネック（障害）があったときに乗り越えられるかどうか」「自分は信頼できる従業員かどうか」「自分が他人に興味があるかどうか」――。

チームの生産性をどう評価するか？

プロジェクト・アリストテレスによって明らかになった、チームの生産性を高めるために必要なこととは何か。その結果を紹介する前に、「チーム」と「生産性」という言葉について、僕なりに定義めいたものを簡単にまとめておきます。

仕事におけるチームというとき、みなさんはどんなふうにイメージするでしょうか。なかには、家族のようなものと考えている人もいるかもしれませんね。**僕は、会社のチームはスポーツチームにとても近いものだと思っています。**

家族というのは、たとえば子どもが学校をサボっても、お母さんはその子を愛し続けます。でもスポーツチームは違います。練習や試合をサボる人はいらないし、骨折してプレイできない人もいらない。会社のチームも一緒ですよね。仕事をサボる人、仕事ができない人はいりません。その意味で会社のチームはスポーツチームとよく似ています。

グーグルの定義だと、チームというのは、単に一緒に仕事をしている集団ではなくて、意図的・戦略的に、長期的に一緒に動いている集団のこと。一緒にプランニングして一緒に問題解決して、定期的に自分たちの仕事を振り返って反省していくような集団のことです。まさに、家族というより、スポーツチームですね。

「チームの生産性」はどういうふうに評価されるのかという点についても、簡単にまとめておきましょう。

グーグルでは生産性ではなく、エフェクティブネス（有効性）という言葉をよく使いますが、要は、どちらもアウトプット（成果）のことです。

「成果」というとき、その前提は、あくまでも「経営のトップレベルから見た評価」ということです。チームのマネジャーとして働いていると、この視点をつい忘れてしまいがちになります。

経営者から自分たちはどう評価されているのかという意識がなく、常に気にかけているのは自分の次のレベル、つまり、直属の上司の評価しか考えていない人が案外多いのではないでしょうか。

「うちの上司はこのチームのことをどう考えているんだろう?」と忖度《そんたく》しながら、個人レベルで頑張るというのではなく、本当は、その上司と一緒に「うちのチームはどういうふうにトップに評価されているんだろう?」と考えなければいけません。

要は、経営のトップレベルが求めている成果をこのチームが出しているかどうかによって、チームの生産性は評価されるわけです。

ごくわかりやすい指標としては、たとえば、セールスパフォーマンスなら四半期ごとの売上目標金額・数量の達成などをあげることができるでしょう。

よいチームには「心理的安全性」が欠かせない

さて、「生産性の高いチームの特性」を紹介しましょう。それは次の5つです。

①チームの「心理的安全性」（Psychological Safety）が高いこと
②チームに対する「信頼性」（Dependability）が高いこと
③チームの「構造」（Structure）が「明瞭」（Clarity）であること
④チームの仕事に「意味」（Meaning）を見出していること
⑤チームの仕事が社会に対して「影響」（Impact）をもたらすと考えていること

この5つが「チームづくり」にとって根本的に大事なことだというのがプロジェクト・アリストテレスの結論でした。

②の「信頼性」と③の「構造の明瞭さ」というのが少しわかりにくいかもしれません。ここで言う信頼性は、たとえば「このチームは決めた時間内に高い成果を上げられる」と信じていること。構造の明瞭さは、役割分担がちゃんと決まっていて、向かうべき目標やそれを達成するための計画が明確であることを意味しています。

この5つの中で一番大事なのは、①の「心理的安全性」です。

心理的安全性の高いチームなら、「自己認識・自己開示・自己表現」ができる

心理的安全性とは、端的に言えば「メンバー一人ひとりが安心して、自分が自分らしくそのチームで働ける」ということ。自分らしく働くとは、「自己認識・自己開示・自己表現ができる」ということです。要は、「安心してなんでも言い合えるチーム」が心理的安全性の高いチームなのです。これが②〜⑤の土台になっています。

裏返せば、メンバーがチームに対して心理的安全性を感じていなければ、チームを信頼することはできないし、どんなに目標や計画、役割が明確であっても、仕事に意味を見出すことができず、社会的なインパクト（影響）を考えることもできません。

チームの中で自分が自分らしく働いていなければ、他のメンバーから頼られることはな

いし、自分も他のメンバーに頼ることができないということが起こります。つまり、信頼関係を築けないということです。

たとえば、「じゃあ、あなたはこれ、私はこれ」と役割分担をして、「わかった、私はこれやります」と言われても、信頼できないから「あいつ、もしかしたらかげで仕切っているんじゃないのか？」とか「裏切ろうとしているんじゃないのか？」といった妄想、プラスアルファの変な心理がどうしても働いてしまいがちです。そんなメンバーが集まったチームの生産性は、当然ながら高くなることはありません。

一方、**チームに心理的安全性があれば、メンバーを信頼できるようになって、尊重するようになります。**その中で、だれがいつまでに何をやるかという計画や役割が明確になっていく。そして、仕事の意味が見えてきて、「みんなでもっといいことをやろう」「大きいことをやろう」「意義のあることをやろう」とお互いに頑張って仕事をしたら、世の中によい影響も与えられる。結果として「生産性の高いチーム」ができあがるというわけです。

先に、プロジェクト・オキシジェンでわかった「チームのパフォーマンスを高めるマネジャー」の8つの特性を紹介しました。そうした特性を持つよいマネジャーというのは、要するに、プロジェクト・アリストテレスで示されたようなチームの心理的安全性を高められる人なのです。

つまり、この2つのプロジェクトで明らかになったのは、**メンバー一人ひとりが安心して、自分らしく働ける場、自己認識・自己開示・自己表現できる場をつくることが、マネジャーの大切な役割である**ということです。

世界共通のチームづくりのルール

グーグルでは、こうした統計学的な調査結果を全社員にシェアします。そして、それに基づいて人材育成のプログラムなども世界共通で動いていきます。**日本だからここがいる、アメリカだからここがいらないといった取捨選択は一切ありませんし、大きなチームだからできるとか、小さなチームだからできないなどといった偏見もありません。**

実際に僕も、日本やインド、オーストラリア、中国などでマネジャー研修の講師をやりましたが、講師用の教材にはプロジェクト・オキシジェンとプロジェクト・アリストテレスの内容が入っていました。「エモーショナル・インテリジェンスで心理的安全性をつくりましょう」とか、「エンパシー（感情移入）やコンパッション（深い思いやり）を持ちましょう」といったことのほか、メンバーに「成長思考」（第4章で詳述）を教えるためのコーチング方法やフィードバックのやり方、チームのデシジョン・メイキング（意思決定）の仕方などを、だいたい2日間で各国のマネジャーたちに教えていたわけです。

世界中の全社員（もちろん、ラリー・ペイジとセルゲイ・ブリンも含めて）が必須のものとして、統計学的に導き出されたプログラムに素直に従う――。**こうしたカルチャーもグーグル成功のカギの一つではないか**と僕は考えています。

技術チームでも、営業チームでも、経理チームでも、同じルール

マネジャー研修だけではありません。**グーグルには、チームの心理的安全性を高めるための仕組みがいろいろあります。**

たとえば、「ワン・オン・ワン」（1 on 1、1対1）。マネジャーは週1回1時間、必ずメンバーと1対1で個人面談してコーチングしなければなりません。当然ながら、よいワン・オン・ワンができないマネジャーは、どんなにチームの成果が上がっていても、評価が下がる仕組みになっています。もちろん、評価のルールは世界共通。そして、技術者のチームであろうが営業のチームであろうが経理のチームであろうが、まったく一緒です。

「はじめに」でも触れましたが、こうした話を日本企業の人事担当者に伝えると、よく「それって、グーグルさんだからできるんでしょ？」と言われます。

でも心理的安全性なんて、直感的に色メガネを外して考えれば、ごく当たり前のことではないでしょうか。決して「グーグルだからできる」という話ではありません。

「うちのチームって楽しいよね。メンバーはいい人ばかり。尊重できて信頼できる。きっと私が倒れたらみんな助けてくれる。マネジャーだって魅力的。自分にいろいろ考えさせてくれて、世話してくれて、育んでくれる。仕事には明確な目的や計画があって、それを自分のやり方でやればちゃんと評価されて、ボーナスも出る。でっかい目標だってある」

どんな会社に勤めている人でも、こうした心理的安全性の高いチームなら喜んで働いてくれるはずです。

日本には「飲みニケーション」という言葉がありますね。居酒屋で楽しそうに語り合っている会社員の姿をよく見かけますが、僕にはお互いに心理的安全性を高め合っている行為のように見えるときがあります。とにかく腹を割って話す――。「何がやりたい？」「何が欲しい？」などといった「人生」にかかわるような視座からの質問をし、価値観ベースの会話をどんどん増やしていくことが重要なのです。

念のため断っておくと、相手が嫌がるならわざわざ飲み会に誘う必要はありません。とくに最近の若い人には飲みニケーションは不評のようです。ちなみに、僕は二次会が大好きなのですが。

GEもメルカリも、「心理的安全性の高い会社」を目指している

グーグル以外の会社でも、心理的安全性を高めるチームづくりにつながるような、さまざまな人事関連の新しい取り組みが行われています。

たとえば、ゼネラル・エレクトリック（GE）。GEが90年代以降に開発した人事制度は画期的なものと言われて、多くの日本企業がお手本にしてきました。とくに有名なのが人材評価ツールの「9ブロック《ナイン》」——社員を順位づけするためのマトリックスで、「業績の達成度」の軸を3段階、「バリュー（価値観）の実践度」の軸を3段階のレベルに分けた9ブロックの座標の中で評価するというもの。右上が最高評価「ベスト」となる——でしょう。

いまGEは、そうした従来の評価制度を全部やめてしまいました。なぜかと言えば、評価を気にすること自体が社員の心理的安全性を損なうから——。

要するに、会社に評価されるからそうするのではなくて、社員一人ひとりがお互いの「フィードバック」によって自発的に動くという、心理的安全性の高い会社を目指しているわけです。その意味でＧＥは、シビアな評価制度を持ち続けているグーグルよりも、格段にフラットな会社になっていると言えるでしょう。

フリマアプリ「メルカリ」を運営するメルカリ社も、心理的安全性をとても重視しています。同社のイベントを手伝った縁でチームの反省会、「振り返り」の場に同席したことがあって、どのメンバーもすごく素直で前向きなのが印象的でした。

「ここがうまくできなかった」「ここはできた」と一人ひとりが失敗や成功を全部さらけ出して、「じゃあ、今度はこうしよう」「その仕組みを一緒に設計しよう」といった会話が飛び交っていました。

こうした振り返りのとき、よくありがちなのは「なんでこれをやってくれなかったの？」「ごめん、すみません」といったネガティブな会話でしょう。メルカリの振り返りはまったく違って、「なんでできなかったんだろう？」とみんなで考えて、「ああ、こういう仕組みがあればできるじゃん！」などと、ポジティブな会話に終始します。

どちらが心理的安全性の高いチームなのか。答えは明らかですね。

メルカリでは、「Go Bold（大胆にやろう）」「All for One（全ては成功のために）」「Be Professional（プロフェッショナルであれ）」という3つのバリュー（価値観）を大切にしていて、組織運営の前提には性善説を置いているのだといいます。つまり、バリューを共有しているメンバーが自分で考えて自分で決めたことなら、その意思決定はきっと成功を目指したものだったに違いないと、お互いに信じているということ。だからこそ、その結果がたとえ失敗だったとしても、振り返りで前向きになれるというわけです。

第2章

「愚痴」も「もめごと」もチームにとってよいこと

価値観ベースの会話が心理的安全性を高めてくれる

僕がよく紹介するエピソードですが、ある日本の大手企業の管理職の方が飲み会の席でこんなことを言っていました。

「オレは自分の上司には絶対に本音を言わない」

以前から日本人は上司に本音を言えない傾向が強いとは思っていたのですが、「言えない」ではなくて「言わない」——。頑なな物言いに少なからず驚いたので、自分のフェイスブック上で簡単なアンケート調査をしたこともあります。結果は250人中、4人に1人が「上司に本音を言うべきではない」、3人に1人が「上司に本音を言っていない」と回答。

「上司は危険」などと考えていたら、心理的安全性が高まるわけがありません。こうした考え方を払拭するにはどうすればいいのか。

グーグルでは、マネジャーが進行役になって、「ライフ・ジャーニー」というセッションをよくやっていました。

A３の紙に、自分がどんな人生を歩んできたのかを、ターニングポイントにおける「①行動、②その意図、③味わった感情」がわかるように、できるだけ具体的に書いてもらいます。書式は自由です（図表２参照）。書き終わったら、４分程度でみんなに説明してもらいます。人生にどんなターニングポイントがあって、どういうふうにいまの自分になってきたのか――。それをもとにディスカッションするわけです。

「へぇ～、知らなかった」「面白い人生だね」「苦労したんだね」といった会話になりますが、**これは、いわゆるファクト（事実）ベースではなくて、「価値観ベース」「信念ベース」の会話です。心理的安全性を高めるためにはこうした会話、つまり「本音」（愚痴も含む）を言い合うことがとても大切なのです。**

どんな人であっても「目の前にいる人はいい人」と考える

じつは、グーグルに入る前のことですが、僕は３年ほどカウンセラーのボランティアをやっていました。

●図表2　ライフ・ジャーニー（記述例）

書式は自由。ターニングポイントにおける「①行動、②その意図、③味わった感情」がわかるように、できるだけ具体的に書く

電話で何百人という人の話を聞きました。本当にいろんな人がいて、すごく感情的な人、だれかを傷つけたいという人、ものすごく落ち込んで自殺したいという人――。ただ、みんな何かをやってしまう前に、人と話したいから電話してくるわけです。

カウンセリングには「無条件の肯定的関心」(Unconditional positive regard)という重要な考え方があります。これは一切条件をつけずに相手をポジティブに承認するということ。それがカウンセリングの大前提です。

カウンセラーは極端に言うと、犯罪者とも話すし、サイコパス(精神病質者)とも話すし、本当に支離滅裂な人とも話します。けれども、どんな人であっても「目の前にいる人はいい人」と考えるのがカウンセラーです。

過去に何をやったのか、いま何をやっているのか、これから何をやろうとしているのかは問わない。まず一人の人間として相手を承認する――。それが人の命を救うスタートラインなのです。

グーグルのプロジェクト・アリストテレスで心理的安全性が強調されたときに、僕はこの「無条件の肯定的関心」と同じものだと感じました。**まず目の前にいるメンバーを人として承認することなしに、チームの心理的安全性を高めることはできない。**カウンセラーを経験していた僕にとって、それはごく当たり前のことだったわけです。

成果を上げるための前提を整える

僕は未来創造をねらった数十人規模のビジネスセミナー（未来フォーラム＝MIRAI FORUM）を月1回ペースで主催しています。自慢話に聞こえるかもしれませんが、最近どんどんファンが増えて、リピーターが多くなってきました。会場は東京ですが、わざわざ関西や九州から来てくれる人もいます。

「なぜ、セミナーに来てくれるんですか？」そう聞くと、「ピョーさん（僕は親しくなった人たちにそう呼ばれています）は、自分のことをよく見てくれるから」と答える人が少なくありません。おそらく僕が常に心がけている「無条件の肯定的関心」が、僕との会話などを通じて伝わっているのでしょう。とてもうれしく感じます。

マネジャーがメンバーとの会話を通じて、チームで成果を生み出すための手法は、コーチングやファシリテーション（会議などでグループ活動が円滑に行われるように、中立的な立場から支援を行うことで、拙著『グーグル、モルガン・スタンレーで学んだ日本人の知らない会議の鉄則』〈ダイヤモンド社〉でも詳しくお話ししています）などたくさんあります。

ただ、そうした手法を使う前に、まずメンバーの一人ひとりをそのまま人として承認することが大事です。それがなければ、ワン・オン・ワンなどでどんなにいい質問をしても、メンバーは決して心を開きません。承認とはわかりやすく言えば、「自分を見ていてくれる」と相手が感じるということです。

要は、きちんとメンバーのことを見ているマネジャーでなければ、どんなにコーチングやファシリテーションをしても成果を上げることはできないのです。

「ワン・オン・ワン」ミーティングはメンバーの時間

実際、マネジャーがカウンセラーのような役割を果たさなければならない場面はたくさんあります。

グーグルでは、ワン・オン・ワンはマネジャーの時間ではなく、メンバーの時間と考えられています。つまり基本的には、その時々でメンバーの話したいことを話してもらう。といっても、主な話題は自然と仕事のアジェンダ（行動計画）になるわけです。ただ興味深いのは、成果を上げているマネジャーほどワン・オン・ワンのときにプライベートな相談にのっているという傾向があること――。

何かプライベートな問題を抱えていると、仕事のパフォーマンスが落ちてしまうというのは、本当によくあることです。友だち関係や夫婦関係がうまくいっていないとか、病気にかかわることだってそう。ただ、相手を信頼していなければ、そうした悩みのせいで仕

事がうまくいかないとは、なかなか言い出せないものです
　つまり、プライベートな問題をマネジャーに話せるということは、よほどメンバーの心理的安全性が高いということを意味しています。だからこそ、チームも高い成果を上げられるのです。

　グーグル時代、僕のチームのメンバーはオーストラリアのオフィスにもいました。とても優秀なハーフレバノン・ハーフアイルランドの女性。彼女が僕とのワン・オン・ワンのとき、テレビ会議でこんなふうに言うわけです。

「ピョーさん、今日はごめんね。アジェンダのことを話すはずだったんだけど、プライベートな話を聞いてほしい、コーチングしてもらっていい？」

「もちろん！　いまはあなたの時間だから、あなたの話したいことにしましょう」

じつは彼女の子どもはアスペルガー症候群で、旦那さんと一緒にちゃんと協力して育てていたけれども、この先どうなるのかと悩んでいました。

　子どものことだけでなく旦那さんのことも心配しているから、たまには第三者に話を聞いてほしいわけですね。話しているうちに泣き出すこともありました。

「ピョーさん、ありがとう。すっきりしたから、仕事頑張ります」

ワン・オン・ワンはこれでいいわけです。というか、マネジャーにとってはそうした話を聞くための時間と言ったほうがよいでしょう。**決してタスク（作業）を管理するための打ち合わせではない**のです。

彼女はグーグルを辞めてオーストラリアで起業していて、いまも大切な友人です。たまに「コーチングしてほしい」と連絡が入るので、「ちょっと時間ないから、30分でいい？じゃあ、どうぞ」などと、いまでも僕はマネジャー役を引き受けています。

プライベートな相談は、聞いてあげるだけでもいい

ただ、なかには「プライベートなことを相談されても困る」、あるいは「どのように対応していいのかわからない」という方もいることでしょう。

そんな戸惑いに対して、僕は「プライベートな相談は、聞いてあげるだけでもいいんですよ」と答えています。だれかに悩みを聞いてもらっただけでも、気持ちがずっと楽になったという経験はだれしもあるのではないでしょうか。

あくまでも、**マネジャーとして問題なのは、チームメンバーがプライベートなことが気になって仕事に集中できないこと**です。マネジャーはプライベートな悩みまで解決してあ

げなくてはならないと、力む必要はありません。

もちろん、プライベートな相談であっても、その悩みを解決してあげられるに越したことはないのでしょうが、答えようとしてあげるあまりプライベートに立ち入りすぎることで生じる弊害もあります。手に負えない相談だと思ったら、専門家への相談をすすめるなどしてあげればいいでしょう。

加えて、**ただ聞いてあげるだけではなく、次のワン・オン・ワンのときなどに折に触れて、「その後、どうなりましたか？」などと気にかけてあげることが重要**です。悩みを真《しん》摯《し》に聞いてあげている姿勢がメンバーとの信頼の醸成につながるのです。

たとえば、僕の知人がこんなエピソードを教えてくれました。

彼女は海外出張を目前にしたある日、婚約相手の浮気が原因で婚約破棄になってしまうという、とてもつらい状況に陥ります。当初は、仕事だからと自分に言い聞かせ、上司にも相談せずにいたそうですが、大事な出張を前にして自分の心の乱れに耐え切れず、女性の上司に「じつは最近つらいことがあった」と思い切って相談しました。すると、一通り話を聞いたのちに、その上司はこう言ってくれたそうです。

「以前の部下で同じようなことを経験している子がいた。当時はつらそうだし、大変そうだったけど、彼女はいま、別の方と出会って、とても幸せな結婚をしている。人生はいろいろあるし、10年後の将来から見たら、大した問題じゃないから。それにしても、許せないわね。結婚する前にわかってよかったわよね」

そして何よりもうれしかったのが、その後の上司の一言で、「そんなに大変だったのに、ここまで出張準備をしてくれてありがとう。助かったわ」という言葉だったとのこと——。

その結果、上司に対する彼女の信頼はより一層深いものに変化し、関係性もそれまで以上によくなり、仕事はもちろんのこと、プライベートの会話をする回数も増えたそうです。しかも、出張自体もうまくいって、期待以上のアウトプットを出すことができたと聞きました。

「愚痴」が出たら会話のキャッチボールを始める

マネジャーの役割は、言うまでもなく「チームづくり」なのですが、その役割を果たすうえで重要になるのが**「建設的」**というキーワードです。

たとえば、チームづくりのときに必須なのは「建設的な言葉づかい」で、わかりやすいのは「愚痴を要望にして言い返す」という会話法です。

「うちのメンバー、最近、私の話を聞いてくれないんだよね」

よくありがちな愚痴ですが、こう返す人が多いのではないでしょうか。

「はあ、そうなんですか、大変ですね」

愚痴をそのまま聞き流すというパターン。また男女差もあるようです。男性は、「ああ、それならこうすればいい。だからもう悩むな」などと解決しようとするというか、話を終わらせる。女性は、「ホント、イヤね。○○ちゃん、頑張って」などと励ます――。

建設的な「要望」で返すなら、そうではなく、次のような言い方になります。

「じゃあ、○○さんは、メンバーにもっと話を聞いてもらいたいんですね？」とか「話を聞いてもらえたら、何かが変わるんですね？」というふうに、相手のネガティブな発言をポジティブな表現に言い換えて聞き返すわけです。

そうすることで、自分から次のアクション――この例で言えば「話を聞いてもらうにはどうしたらいいのか」――に進むことができるわけです。

たとえば、「最近、残業が多いし、疲れているんだよね」という愚痴だったら、「じゃあ、もうちょっと休みたいんですね?」と聞き返す。本人は確かに休みたいのですから、「そうだね、残業を減らすために何か工夫しないと……」などと、自分で次のアクションを考えるようになるわけです。

その際に気をつけていただきたいのは、責めたり問い詰めたりしているような言い方にならないようにということ。ゆっくりと明るい声で話すように心がけてください。速いペースで次々と話しかけられると、あたかも詰め寄られているような心理的圧迫を感じさせてしまうので、これもＮＧです。相手の話が終わったら、一呼吸置いて話し始めるくらいでちょうどいいと思ってください。

これらのことは、相手が感情的になっている際には、とくに重要になってきます。感情的になっているのは、その問題が重要であることの表れですが、だからこそ相手の話をさえぎったりせず、とにかく話を聞いてあげてください。聞いてあげて、理解を示したうえで、建設的な話へと進むようにしましょう。

愚痴はチームのことを気にかけている証拠

愚痴を言っている人というのは、じつはすごくチームを手伝おうとしているのではないでしょうか。**チームのことをいつも気にかけて見ているからこそ、「直したい、改善したい」と常に考えている。**ただ、その思いが愚痴になって出てきているだけなのです。

たとえば、何か仕事をするたびに「面倒くさいな〜」などと、周りに聞こえるような一人言で愚痴っている人がよくいますよね。そのときにマネジャーが「みんなの前でそういうこと言うのは、やめろよな！」などと注意する。これもよくありがちです。

そうではなくて、マネジャーは**その愚痴の中に「チームの改善に役立つメッセージが含まれている」と考えて、「チームをよくするチャンス」と歓迎すべき**なのです。そうすれば、愚痴を建設的な「提案」に変えることができるはずです。

たとえば、残業しているときに「面倒くさいな～」という愚痴が出たとき――。

「じゃあ、もっと早く帰りたいんですね」と話しかけてみる。きっと「当然じゃないですか！」などと不機嫌な答えが返ってくるでしょう。

「当然ですよね、わかりました。じゃあ、今度のチームミーティングで、みんなの残業時間と仕事内容を見直して、どこがボトルネック（障害）になっていて、何が起きているのか、残業が減らせるように、みんなで話し合ってみませんか？」

愚痴を言った人も、こうした前向きな提案には、さすがに「面倒くさい」とは言えないでしょう。

「ええ、いいですね」

「じゃあ、あなたがミーティングをリードしてくれませんか？　私がサポートするから！」

「わかりました、やってみます」

そんなふうにうまくいくわけがないと疑う人もいるでしょうが、一度ぜひ試してみてください。実際、僕がこれまで出会ってきた優秀なマネジャーたちは、**「愚痴がチャンス」**ということをよく理解していて、メンバーの愚痴にちゃんと耳を傾けていました。

僕の会社では、定期的に、愚痴を積極的に言ってもらう「愚痴会」を開いているくらいです。高圧的な言動で愚痴を封じてしまったら、メンバーが何を考えているのかさっぱりわからなくなってしまいます。

メンバーから愚痴が出たら、ぜひ会話のキャッチボールを始めましょう。建設的な言い方でいろいろと聞き返して、**「じゃあ、一緒にやろうよ」という前向きな提案に変わるまで会話を続ける。そして、最後に「よく言ってくれたね、ありがとう」といった感謝の言葉で締めくくってください。**そうすれば愚痴を言った本人も、ネガティブな気持ちだったものが「言ってよかった」というポジティブな気持ちに変わるはずです。

会話を通じて、チームメンバーの選択肢を増やしてあげる

僕はグーグルを辞めてから経営コンサルタントとして独立して、プロノイア・グループとモティファイという2つの会社を経営しています。

管理職育成や組織開発などのコンサルティングを行うプロノイア・グループの社員はいまのところ5人で、さらに4人の社外メンバーが副業の形でサポートしてくれています。人事ソフトウェアなどの開発・販売をしているモティファイのほうはもう少し多くて社員10人ほどですが、どちらもベンチャーですから、大企業と違って社員一人ひとりがなんでもやらなければいけません。なので、面と向かって「忙しすぎて、できない！」などとたまに愚痴られます。

そんなときは、必ず時間を取って建設的な会話をします。そして、一緒に建設的な結論を出すまで話し続けるようにしています。決して「今日はこれくらいにして、また今度」

などと打ち切ることはありません。

「わかった、大変だね。何が不満か詳しく話して」と、まずたっぷり愚痴を聞いてあげる。そして、「じゃあ、すぐにできることは何？」などと前向きなアクションにつながるような質問をします。

「○○ならすぐにできると思う」

「じゃあ、○○から始めよう。あなたがリードして、みんなで一緒にやっちゃおう」

そんな結論になると、「ああ、今日話してよかった。ありがとう」と言ってくれるし、実際にみんなで作業をすれば、すごく盛り上がるし、一人でやるよりも当然ながら早く終わるわけです。

要は、会話を通じて本人の選択肢を増やしてあげることが、マネジャーによるコーチングの大事なポイントなのです。

愚痴に限らず、たとえばメンバーが自分の失敗を報告してきたとき――。

「すみません、ミスしてしまいました」

そこでいきなり「おまえ、ダメじゃないか！」と声を荒らげて責めてしまったら、相手は言い訳に終始して、次のアクションの選択肢が出てきません。

そうではなくて、**「そうですか、何が起きたんですか？」「わかりました。じゃあ、対策はどうしますか？」「それで、また同じミスをしないように、今後はどんな工夫をしてくれますか？」などと、落ち着いた声で、建設的なほうに会話を持っていく**——。

そうしたら、だれでも「ここが悪かった」と素直に自分の失敗をさらけ出して、「今度は同じミスをしないように、こうやります」と、自分から選択肢を考えてくれるはずなのです。

コーチングの際に心がけてほしいこと

こうしたコーチングの際に心がけてほしいのは、常にメンバーに対して**「性善説」**に立って会話することです。それは、じつは僕の個人的な体験に基づく考え方と言えるものなのですが——。

僕には二人の兄がいました。最近、次兄を亡くしたのですが、それよりも前に、長兄をアルコール依存症で亡くしています。

ポーランドの田舎の村のことなので、家族にアルコール依存症が一人いるというだけですごく評判が悪くて、僕は彼のことが大嫌いでした。彼が酔っぱらって何か問題を起こすたびに、なんとか酒をやめさせようとしたのですが、ぜんぜんダメでした。家族に怒られた次の日でも、酔っぱらって道端で寝てしまうという状態。完全な依存症です。

僕も酒をやめるように繰り返し説得していたのですが、そのうち「死ねばいいのに！」という気持ちで接するようになっていました。そうしたら本当に死んでしまった――。すごく後悔しました。自分がもう少し違うやり方で接していたら、もっと話を聞いてあげていたら、彼は死なずにすんだかもしれない――。いまでも心の傷として自分の中に深く残っています。

一方で、長兄を亡くして以来、残された次兄とのコミュニケーションがまったく変わりました。それまでは仲が悪くて、ほとんど口もきかなかったのですが、お互いになんでも話せるほど仲よくなったのです。

この経験を通じて、僕は人に対する考え方が変わりました。それまでは、周りに迷惑をかける人というのは、何か意図的に相手の邪魔をしようとするものだと思っていたのですが、そうじゃないと気がついたのです。

人は、相手の邪魔をしたいといったネガティブな動機ではなくて、根本的にはポジティブな意図で動いていていると考えるようになりました（たとえばアルコール依存症にしても、良し悪《あ》しは別にして、「お酒を飲んで、落ち着きたい」というのは前向きな欲求でしょう）。周りに迷惑をかけるのは、単にやっている手法が間違っているだけと考えるようになったのです。

要は、それまでは「性悪説」だったものが「性善説」に変わったわけです。

先を読み、チームメンバーが喜ぶような「プロセス」を提供する

ただ人は、必ず怠けるし、間違いを犯すし、ときには落ち込んで後ろ向きにもなるものです。人が「面倒くさい」というとき、単に怠けたいだけという場合も往々にしてあるでしょう。

性善説に立ちながら、いかにリスクを減らすか。まさにマネジャーの腕の見せどころですね。怠ける時間がないように、間違えないように、後ろ向きにならないように、先を読んで、メンバーが喜ぶような「プロセス」を提供していく必要があるわけです。

たとえば、「さあ、やれ！」と冷たく命令するのではなくて、ケーキを差し入れして「ケーキを食べて、みんなで頑張りましょう！」と明るく励ます。たったこれだけでも人を喜ばせるプロセスです。自然に「ありがとう。じゃあ、頑張ります」となるはずですね。

性善説に立つとは、何も難しいことではなくて、**人は善意に対して善意で応えるものだと楽観的に信じること**――。そんなシンプルな人間観にほかなりません。

もちろん、ケーキでなくてもよいわけです。「面倒くさい」と愚痴る人に、「じゃあ、どうしたら面倒くさくなくなるのか、一緒に考えてみましょう」と建設的に話し合うことも、立派な善意の示し方と言えるでしょう。

「自分の弱み」を積極的に開示できるマネジャーは強い

マネジャーに求められるのは、こうした建設的な言葉や態度、考え方（もちろん、性善説を含みます）です。チームづくりに不可欠な心理的安全性も、建設的な会話の積み重ねによって醸成されます。

「マネジャー自身の心理的安全性は、どうなるの？」

ここまで読み進んで、そんな心配をする人もいるのではないでしょうか。

当然ですよね、マネジャーはいわば板挟みの立場ですから。経営サイドとメンバーの間にあって、その板挟みの中でチームとして結果を出すのがマネジャーの役割です。

ただ、**マネジャー自身の心理的安全性も、これまで述べてきたようなメンバーとの会話を通じて高まるもの**なのです。

当然ながら、マネジャー自身がメンバーになんでも話せるような状態でなければ、心理的安全性が高いチームとは言えません。

たとえば、マネジャーが何か失敗をしたときには、「やらかしちゃった、ごめんね」などと、メンバーに対して素直に報告したり謝ったりしたほうがよいのです。「うちの部長、ひどいよ」といった愚痴でもかまいません。そうした「自分の弱み」をマネジャー自身が積極的に開示したほうが、なんでも言っていい雰囲気をチームにつくることができます。

弱みを見せないマネジャーでよくありがちなのは、「これ明日までにやっておいて！」とだけ言い残して、自分はさっさと会社を出てしまうというパターン――。

残されたメンバーたちは、きっとこんな文句を言うでしょうね。

「また丸投げだよ。なんでいつも外出なの？　あの人ってホントに仕事してんの？」

弱みを開示できるマネジャーは違います。一言ですませることはありません。

「本当に困っちゃって、一つ頼みごとがあるんです。じつは新しいプロジェクトが始まって、今度からA社にいろいろお世話になることになったんですね。まだみんなにちゃんと報告してないけど、大きなプロジェクトになる予定なんです。で、そのプロジェクトミーティングが明日入ったんですよ。ただ、僕ずっと今日は外での打ち合わせが立て込んでて、その企画書の準備ができなくて。だから本当に申し訳ないんですけど、簡単なものででいいのでつくってほしいんです。残業になってしまうから本当に申し訳ないけど、お願いできますか？　今度ご飯をおごるから」

どちらのマネジャーと一緒に働きたいか。明らかに後者ですよね。お互いに心理的安全性が高くなければ、こうした依頼の仕方は当然ながらできないわけです。

相手を見下すリーダーの成功は長続きしない

僕がこれまで見てきた**優秀なマネジャーの共通点は「腰が低い」**ということです。経営者にもそれは共通しているので、組織の優秀なリーダーたちの特徴と言えるでしょう。しかも洋の東西を問わず、世界共通というのが僕の実感です。

一方、いかにも偉そうにしていて、相手を見下しているような不遜なリーダーは、一時的には成功しても決して長続きしません。あっという間に落ち目になったマネジャーや経営者をたくさん見てきました。

腰の低さ、つまり謙虚さはまさにリーダーシップの土台なのです。

だれに対しても優しくて、腰が低くて、謙遜しているようなリーダーを周りにいる人たちは放っておけません。自然に手伝いたい、助けたいという気持ちになって、だから、そういう人がトップにいるチームや会社は成果も上がるわけです。

もちろん、ときにマネジャーはチームのメンバーに対して厳しいことを言うべきです。ただ、いつも親切に優しく接しているからこそ、いざ厳しいことを言ったときに相手は素直に耳を傾けてくれるのです。

念のため断っておくと、僕が言っている厳しさというのは、たとえば「ビジネスパーソンとしてのスキルをもっと高めてほしい」といった高いレベルの要求であって、作業レベルの些《さ》細《さい》な事柄をいちいち並べ立てて注意したり管理したりすることではありません。「はじめに」で紹介したゲイリー・ハメル氏の「能力のピラミッド」を思い出してください。前者はメンバーをレベル４以上に引き上げる厳しさ、後者はレベル１や２に留まらせる厳しさというわけです。

メンバーと仲間になれないリーダーの特徴

僕は時々、アシスタントの女性から「ふざけるな！」と叱られます。

彼女は僕のスケジュールを管理してくれたり、経理や労務管理をサポートしてくれています。

じつは僕のスケジュールは最近、とても立て込んでいるのです。本来のビジネスである経営コンサルタントの仕事以外にも、人事ソフトウェアなどを開発・販売している会社（モティファイ）の経営にもかかわっています。そのほか、ベンチャーの顧問にもなっています。メディアの取材や著書の出版、セミナーのパネリストなどのオファーもたくさんあります。なかには、中学校の立ち上げを手伝ってほしいなんていう相談もあります。せっかく誘われたのに断るのはもったいないじゃないですか。なんでも引き受けるほうなので、どうしてもスケジュールのやり繰りが煩雑になるわけです。

なので、アシスタントの彼女もすごく忙しくなっています。経営コンサルのほうのお客さんのために僕の時間を取らなければならない。けれども、僕がサブ的な新規の案件をどんどん入れる――。

「いいやん、リスケすれば。どっちのほうがプライオリティ（優先順位）が高くて急いでいるのか。考えれば、自分でリスケできるでしょ？　もっと僕をマネージしてよ」

そういつもお願いしているのですが、ついに切れてしまったわけです。

だから「ふざけるな！」

場所は、東京・渋谷にある高級ホテルの素敵な喫茶スペースの一角。アシスタントの彼女を含めてスタッフ3人とそこで打ち合わせをしていたときのことです。その日は彼女の誕生日の翌日でした。

前日の誕生日当日、「じゃあ、お誕生会をやろうよ」と言ったのですが、彼女はすごくストイックな性格なので、「別にいらないよ」と断っていたわけです。けれども、ケーキをプレゼントされたら喜んでくれると思っていました。

だから翌日、ほかのスタッフとも相談してホテルの喫茶スペースに誘い出して、彼女のためにケーキ付きのアフタヌーンティーのセットを頼んでおいたわけです。

そうしたらタイミングよく（悪く？）、「ふざけるな！」の話が一段落したところでサプライズのケーキが出てきた。みんなが「お誕生日、おめでとう！」と大はしゃぎ。

彼女の頭の中は、きっと「？？？」だったでしょうね。このピョートルという男は果たして、いいリーダーなのか、悪いリーダーなのか——。

もちろん、彼女は笑顔になってくれて、「これからも、みんなで頑張りましょう！」と言ってくれました。

僕の言う心理的安全性とは、こうしたことなのです。ときにはメンバーがマネジャーを叱ることだってあるし、マネジャーだって叱られても仕方がないような間違いもする。それでも、チームとして前向きに頑張っていけるようなみんなの心理状態——。つまり、チームのメンバーとマネジャーの関係というのは「仲間」なのです。

　言うまでもなく、人間というものはまったく完璧な存在ではありません。だからこそお互いに補っていけるような仲間が絶対に必要です。

　ところが、チームの中で完璧に振る舞おうとするマネジャーがよくいます。「私のようにやらないとダメ」という感じで、メンバーに完璧なお手本を示そうとする。その努力は認めますが、そう考えている限り、決してメンバーと仲間になることはできないでしょう。

もめごとは、チームの生産性を上げる絶好の機会

チームで仕事を進めていく中で、仲間になっていれば、なんの「もめごと」も起きないのかといえば、そうではありません。**思考の多様性があって言いたいことを言い合えるチームであればあるほど、意見の対立などがたびたびある**ものです。

その意味で僕は、もめごとが起こるほうがチームにとってよいことだと考えています。

もちろん、単なる感情的な言い争いにならないように、建設的な対話になるように、マネジャーがしっかりファシリテーションすることが大事になってきます。

議論を徐々にまとめていって、前向きな結論へ導くというだけでなく、さらによいアイデアを引き出すために、議論の緊迫感を高めるといったことも必要でしょう。たとえば、「さっきから議論しているけど、本当にそういう方法しかないの？　もっと別のアイデアがあるんじゃないの？」といった問いかけですね。

こうした「もめごと」は、メンバーの成長の機会であると同時に、チームの生産性を向上させる絶好の機会にもなるはずです。

もめている2人を仲裁するには？

一方で、感情的な衝突が目の前で起こった場合には、マネジャーが体を張ってでも止めるしかありません。僕は日本で外資系企業3社、語学教育のベルリッツ、投資銀行のモルガン・スタンレー、そしてグーグルと渡り歩いてきましたが、どんなに優秀な人材が集まったチームでも大なり小なりそうしたことがありました。とくにグーグルでは、わがままな人が結構いて、感情的な衝突が少なくなかったのです。

そんなときにどうしたかというと、とにかく当事者を別室に連れていって、もめている2人から話を聞くようにしていました。

メディエーション（仲裁）にはさまざまな手法がありますが、僕がよくやっていたのは、こんなメソッドです。

まずお互いの言い分を十分に話してもらう。そして「AさんがBさんにしてほしいのは、これですね。BさんがAさんにしてほしいのはこれですね」と確認したあと、Aさんに、「Bさんは何をしてほしいと言っていましたか？　言ってみてください」と復唱してもらう。同じくBさんにも、「Aさんは何をしてほしいと言っていましたか？　言ってみてください」と復唱してもらう——。

「ああ、そういうことがしてほしかったんだな」と、自分に対する相手の要望をお互いに認識できると、感情的な衝突はとたんにやわらぎます。あとは建設的な話し合いになって、お互いが自発的に人間関係を修復しようとします。

つまり、**マネジャーがやるべき仲裁というのは、何も一方的に解決策を提示することではなくて、当事者の言い分を穏やかに聞き出す**ということなのです。

じつはこれ、僕がセミナーなどで時々行っている**「承認のエクササイズ」**のアレンジです。承認のエクササイズでは、お互いに自分の見てほしい部分と見てほしくない部分を言い合ってもらうのですが、自分を認める・相手を認めることができるようになり、すごく盛り上がります。

たとえば、セミナーではこんなやり取りを繰り返してもらいます。「あなたに見てほしいのは私の知性、あなたに見てほしくないのは私のだらしない面です」「私には、あなたの知性が見えます、あなたのだらしない面も見えます。ただ私には、あなたの器が大きいところも見えます」

自分の見てほしくないところを言えた、しかも相手は見てほしくないところも認めてくれた、そのうえ、それ以上のことを見ていると言ってくれた——。エクササイズとはいえ、お互いに承認し合うことで、人間関係がより良好になるのです。

愚痴を要望に言い換える

多くの場合、マネジャーがチーム内で起きている感情的な衝突を知るのは、やはり、メンバーの「愚痴」でしょう。

「Bさんって、ひどくないですか？」

そうAさんに愚痴られたときも、マネジャーの対応は「承認のエクササイズ」のアレンジが効果的です。

「ああ、AさんはBさんに○○してほしいということですね？」

「まあ、そうですね」

「○○してほしいとBさんに言ったことがありますか？」

「ないです」

「じゃあ、今度のチームミーティングのときにBさんに提案してみてください」

簡単ですね。**愚痴を「要望」に言い換えて、ちゃんと認識してもらって、建設的な話し合いの方向に誘導してあげればよい**だけです。

「言うとおりにしろ！」では解決しない

人間が感情的になって他者と衝突するのはどんなときか、もう少し考えてみましょう。もっとも衝突が激しくなるのは、自分が大切にしている信念や価値観が棄損されそうなときではないでしょうか。

たとえば、多くの子どもは「自由に、ずっとテレビを観ていたい」と思っている。これは子どもにとっていわば信念です。ところが、お母さんは「テレビばっかり観ちゃダメ」と命令する。子どもは「イヤだ！」と感情的に反発する。大人でもありますね。多くの男性は「自由に、女性と話したい」と思っている。ところが、彼女や妻は「ほかのオンナと話しちゃダメ」と命令する。男性は「なんで？　いいじゃん！」と反発するわけです。

大人の例はともかく、子どもの反発に対して「お母さんの言うとおりにしなさい！」と繰り返していても感情的な衝突が解消することはありません。

そうではなくて、まず「なんでテレビを観たいの？」と優しく問いかけてみることが大事なのです。次章で紹介する「7つの質問」（仕事を通じて何を得たいですか？）のアレンジです。

「なんでテレビを観たいの？」

「楽しいから」

「じゃあ、なんで楽しむことが大切なの？」

「ワクワクできるから」

「じゃあ、ワクワクできることって、テレビのほかにどんなことがあるの？」

「お父さんとお母さんと、外で遊ぶのはワクワクする」

「じゃあ、一緒に外に遊びに行こうよ」

仕事のチームでも同じこと。**感情的な衝突を解消するには、マネジャーが本人の気づきを促して、いかに建設的な選択肢を増やしてあげるかということが大切**なのです。

第3章

チームのパフォーマンスを向上させる「良質な会話」

チームのパフォーマンスを上げるには、雑談が大事

「あなたは月曜日の朝、早く会社に行きたいと思いますか？」

この質問にイエスと答えられず、なおかつ成果を上げられないメンバーは、もしかしたらチームに「心理的安全性」を感じていないのかもしれません。

マネジャーの仕事というのは、簡単に言えば、チームのメンバーが「また明日も仕事をしたい」と思ってくれるように、個人個人と接することに尽きると思います。

では、どう接すればよいのか。**一番大事なのは「良質な会話を積み重ねる」ということ**でしょう。ある日本の大手広告代理店で、パフォーマンスを出しているチームとそうでもないチームを比較するプチ研究を行ったそうです。その結果、パフォーマンスを出していないチームは仕事の話ばかりしていて、パフォーマンスを出しているチームは雑談ばかりしているという、会話内容の違いが見つかったと言います。

よい雑談を引き出す「7つの質問」

チームの心理的安全性を高めるためには、僕も雑談が大事だと考えています。なので、僕のワークショップでは、必ず参加者同士が質問し合うようなワークの時間を設けていいます。ただ、その内容は「価値観」にまつわるもの――。日本企業のビジネスパーソンがあまり職場で会話しないような雑談のテーマを用意しています。

よくやるのは、僕が「7つの質問」と呼んでいる、こんなやり取りです。

①「あなたは仕事を通じて何を得たいですか？」
「プロとしてキャリアを積んでいきたいです」

②「それはなぜ必要ですか？」
「娘もいるし、もっと給料が欲しいし。だから、もっと頑張って成長したいんです」

「なぜ、成長することが大切なんですか？」

「娘のために、もうちょっとかっこいいお父さんになりたいからです」

「じゃあ、あなたは娘さんのため働いているんですね」

③「何をもっていい仕事をしたと言えますか？」

「家に帰ってニコニコしていられるときには、仕事もうまくいっていますね」

④「なぜ、いまの仕事を選んだんですか？」

「あんまり深く考えずに、新卒で入っちゃいました」

「なぜ、いままで続けられているんですか？」

「やってみると楽しかったからです」

⑤「去年と今年の仕事はどういうふうにつながっていますか？」

「去年はいろいろ頑張って、今年はその成果がちょっと出てきています」

⑥「あなたの一番の強みはなんですか？」

「いま話してみて、私の強みは頑張ること、努力だと思いました」

⑦「あなたは、いまどんなサポートが必要ですか?」
「やっぱり成長したいから、もっと大きいプロジェクトを任せてほしいですね」

①の「仕事を通じて何を得たいか」と②の「なぜ必要か」というのは「価値観」や「信念」、③の「何をもっていい仕事と言えるか」と④の「いまの仕事をなぜ選んだか」は「基準」や「モチベーション」にかかわる質問です。

⑤の「去年と今年の仕事のつながり」は、本人が「成長」に気づくための質問。プラスのことが言えない場合もありますが、この質問の目的は、あくまでも「過去の自分とは変わっている現在の自分」に気づかせることです。なので、本人が自分の変化に気づいていれば、無理に質問を重ねる必要はないでしょう。

⑥の「強み」と⑦の「サポート」はマネジメントのためには必須の情報です。チームレベルだけでなく、人事異動のような会社レベルの判断にも役立ちます。

時間を無駄にする質問、人生を変える質問

マネジャーにはチームのメンバーとの会話の中に、この7つの質問を盛り込んでほしい

と思います。

僕はメンバーに対する質問には、**「人生を変える質問」**と**「人生を無駄にする質問」**があると考えています。

業務の進行状況を確認するといったファクトベースの質問は、「人生を無駄にする質問」です。もちろん、マネジャーが聞いておく必要はありますが、それよりも、本人が自分のモチベーションや信念、アイデンティティ、判断基準といったことに気づく価値観ベースの質問、つまり「人生を変える質問」が大事なのです。

価値観ベースの質問をされること自体に、自分が承認されていると感じる。自分の答えをちゃんと聞いてくれていること自体に、自己開示してよかったと感じる。そして、自己開示による会話を通じて、もっと深い自己認識ができたと感じる――。それを繰り返しているうちに、組織の中で上手に自己表現できるようになっていきます。

感謝の気持ちが
チームの生産性を上げてくれる

人間にとって自己認識するというのは、とても大切なことです。自己認識、自己開示、自己表現というステップを経た先には、「自己実現」があります。自己実現できれば、「自分はできる」という自信（自己効力感）を得ることができ、自己認識が向上していきます（図表３）。

自分がどんな人間で、何をしたいのかがはっきりして初めて、自己実現に向けたスタートラインに立つことができます。自己認識は、自己実現の前提となるピース、自己実現するための必須の要素なのです。マネジャーがその機会をつくってくれたとしたら、強い感謝の気持ちを抱くようになります。そうした気持ちは、当然ながら人と人との関係性をより良好なものにしてくれます。

人間関係がよくないと、お互いが本来やるべき仕事に集中できなくなります。

●図表3　自己認識から自己効力感までの変遷

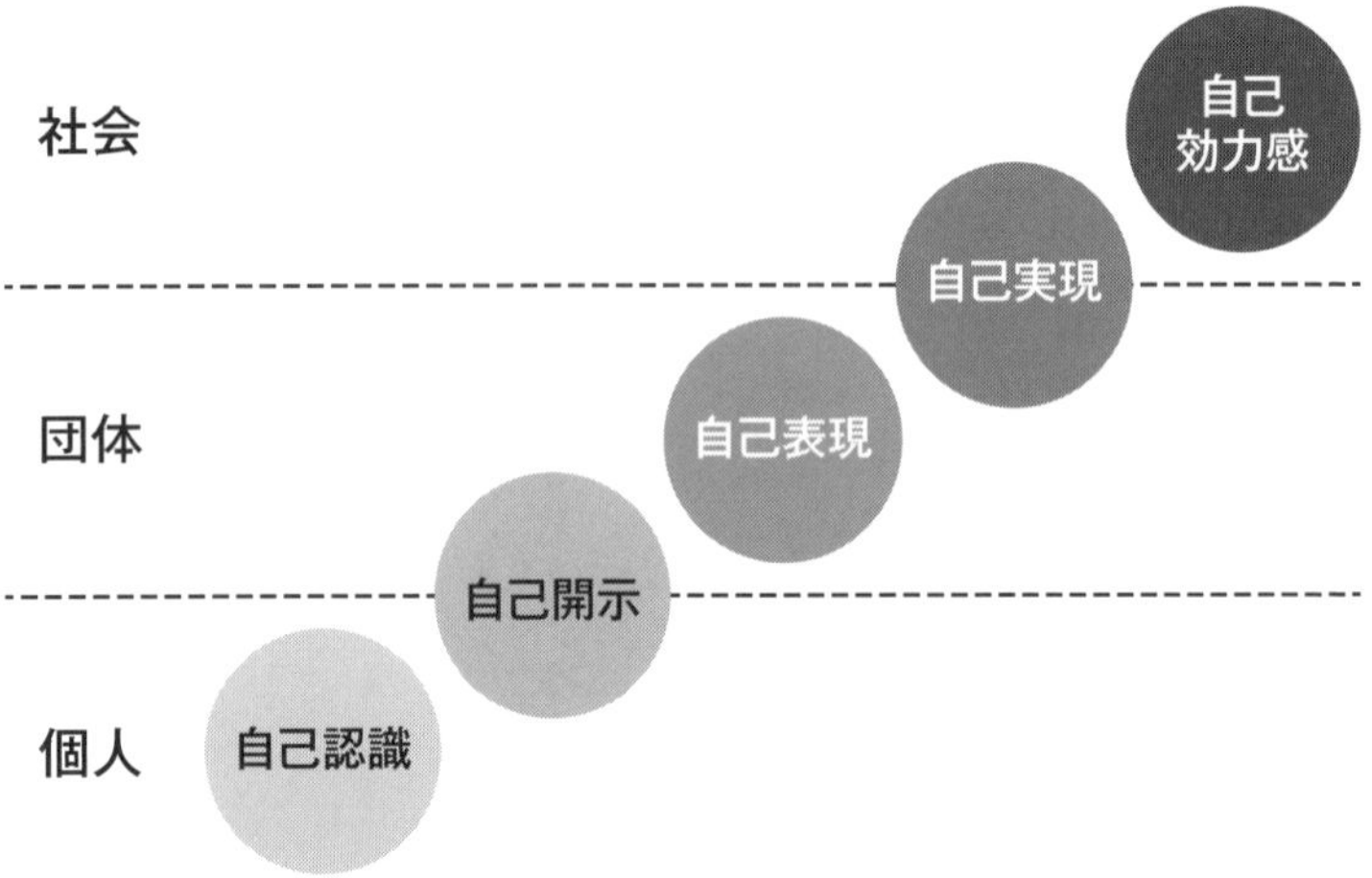

たとえば、一つの業務について「今日中にこれをしておいてください」「はい、やっておきます」となっても、不信感を抱いているマネジャーは「どうやっているのか」「あれはできたのか」「これはなんでこうなっているのか」といちいち管理する——マイクロマネジメントの状態になりがちです。メンバーはメンバーで「なんでうちのマネジャーは、こんなに細かくチェックするんだろう」と疑念を持ち、パフォーマンスが下がってくるでしょう。そんな状態のチームの生産性が上がるはずはありませんね。

ちなみに、「なぜ」という疑問形（英語のWhy）は、ファクトベースの質問で使う

と、**相手は責められているように感じがち**です。たとえば、「この書類のこの部分、なんでこうなっているの？」という類いの質問。答えるほうは、つい萎縮してしまって「それは私の判断ではなくて、クライアントの指示で……」などと、自分を正当化する言い訳のような返事をしてしまいがちです。なので、「なぜ」の使い方には注意が必要でしょう。

ただ、**価値観ベースの質問の場合には、同じ「なぜ」を大いに使ったほうがよい**と僕は考えています（もちろん、あくまでも優しい口調で尋ねること）。なぜなら、モチベーションや信念、アイデンティティといった個人の価値観に「正しい答え」などあるはずもなく、お互いに萎縮することなく、リラックスして会話できるからです。

前向きのエネルギーで答えてもらえる質問

モチベーションというのは、言うまでもなく、それぞれが考えている人生の意味や目的といったものとつながっています。

つまり、モチベーションは自己実現の前提となる自己認識とも結びついているわけです。

なので、僕はメンバーに「これまでの人生で、一番感謝していることはなんですか？

それはなぜですか?」と、必ず質問するようにしてきました。

経験上、この質問がもっとも、自己認識に始まって、自己開示と自己表現を経て、さらに自己認識を深めるという「好循環」をもたらしてくれるからです。

「なぜ感謝しているんですか?」と尋ねると、ほとんどの人がすごく前向きのエネルギーで答えてくれます。これが自己認識ですね。そして、もっと自己開示したくなって、どんどん自分から話すようになります。つまり、話しながら自己表現ができているという気持ちにもなるわけです。自己表現が受け入れられて承認されると自己効力感=自信が高まります。それによって、さらに自己認識を深めて、結果的にモチベーションも高くなるという好循環が生まれるわけです。

「人生のターニングポイント」について話してもらう

「人生で一番感謝していること」と同じくらいメンバーの自己認識や自己開示を促す質問に「ライフパス」(人生の道)というのもあります。

要は、「人生のターニングポイント」について話してもらうのですが、「人生の中で大事な瞬間はいつでしたか?」「いまの自分をつくった出来事はなんですか?」といった質問をすると、すごく会話が盛り上がります。

優秀なマネジャーほど、ここで紹介したような人生を変える質問＝価値観ベースの質問を繰り返しています。ワン・オン・ワンに限らず、一緒に歩いているときや飲み会のときなどに何気なく、「最近、何を求めているんですか？」「何があれば、もっとよくなるんですか？」といったことを、表現をアレンジしながら上手に聞き出しています。

価値観ベースの会話をすると、きっとメンバーは「人生にかかわるような大切なことに気づかせてくれた」と感じます。そのことによって、チームに対する信頼や尊重も高まってくるのです。

チームのパフォーマンスに影響する、世界共通の変化

どんなに時代が変わろうとも、マネジャーの「やるべきこと」は基本的に変わらないと、僕は思っています。

マネジャーは最低限でも次の3つについて、必須のこととしてその役割を果たすべきでしょう。

①チームのミッション（ビジョンと戦略）をちゃんと決めること
②そのミッションに向かっていくプロセスを管理すること
③メンバーを育成すること

ただし、マネジャーはビジネスの在り方や働き方などの新しい潮流を踏まえて、チーム

のメンバーたちをリードしていく必要があります。

チームのミッションを決めるにしても、そのミッションに向かっていくプロセスを管理するにしても、メンバーを育成するにしても、マネジャーが古い意識のままではうまくいくはずがありません。

今日的なビジネスの枠組みといったものをしっかり理解することで、初めて生産性を高める明確なビジョンと戦略が持てるようになるのです。コーチングにしても、それを理解していれば、より正しくメンバーの成果を評価できるし、関心も払えるし、コミュニケーションすることもできます。そして、メンバーのキャリアについても有益なアドバイスができるようになるはずなのです。

そこで、やや大ざっぱになりますが、今日どのようにビジネスや会社の在り方、従業員の働き方などが変わってきているのか、世界共通の変化をここで整理しておきます。

❶モノづくりの世界から、仕組みづくりの世界へ

とにかく良質なモノをつくってさえいればよかった「オールド・ビジネスの世界」はとっくに終わっています。「ニュー・ビジネスの世界」では、モノがいかに使われるか、いかにネットとつながるか、いかにシェアされるかといった、いわば仕組みづくり（プラッ

トフォーム）を考えなければいけません。

❷強欲な会社から、社会貢献の会社へ

カネ儲けだけで動いている「強欲」な利己主義の会社は成長できなくなってきています。成長しているのは主に「社会貢献」で動いている利他主義の会社、たとえばグーグルやメルカリ、宿泊施設のコミュニティ・マーケットプレイスであるエアビーアンドビー、自動車配車（ライドシェア）のウーバーなどです。

ところが、既存の大企業は主に不特定多数の株主のために動いている組織なので、原則的に社会貢献ではなく、カネ儲けに走らざるをえません。

その意味では、ベンチャーのほうが社会貢献をベースにした利用者のコミュニティを新たにつくれるわけです。実際、そうしたベンチャーにお金が集まるようになっていて、マーケットの価値観も変わってきていると言えるでしょう。

❸仕事の進め方はクローズドからオープンへ

仕事の進め方も変わってきています。かつて会社の仕事はクローズド、外部に対して閉じられた自前主義の進め方をしていました。いまの会社はオープン、産官学を問わない社

外のパートナーやフリーランス、地域・社会活動をしている人たちなどとも一緒に動いていくという、開かれた協業主義の仕事の進め方になってきています。

たとえば、エアビーアンドビーだと、家の持ち主がエアビーアンドビーをサポートしている、ウーバーだと車の持ち主がウーバーをサポートしているというように、会社と一般の人との間にもパートナーシップがあるわけです。

❹管理の仕方はKPIからOKRへ

従業員の管理の仕方は、トップダウンでKPI（Key Performance Indicators、重要業績評価指標）を決めるのではなく、トップが示した大きなビジョンに向かって、個人が自発的にそれぞれのゴール設定をしていくOKR（Objective and Key Result、目標と主な結果）に変わってきています。OKRについては、第6章で説明しています。

❺ピラミッド型の組織からツリー型の組織へ

会社の組織の在り方も変わってきています（図表4）。これまで主流だったピラミッド型は、文字どおり「お墓」であって、上からの圧迫が強くて下が死んでいる無機物的な組織でした。そうしたトップダウンの組織ではなくて、草原に立つ枝葉の茂った樹木のよう

●図表4　ピラミッド型の組織からツリー型の組織へ

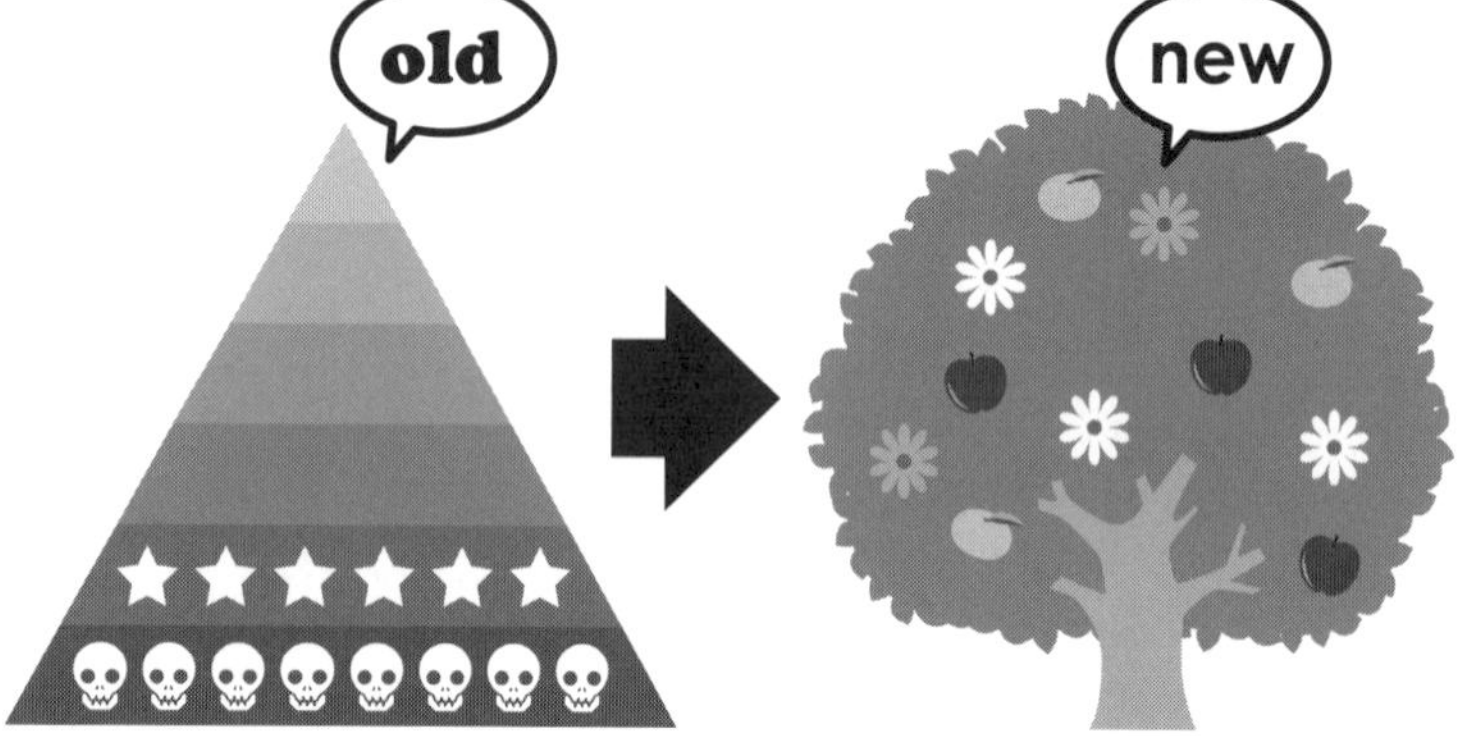

な組織、オープンで外の業界とつながっているオーガニック（有機物的）なツリー型の組織でなければ、これからは成長できません。

ピラミッド型の組織で働いている人たちは、いわば発言の自由すらない社畜でした。一方、ツリー型の組織ではだれもが自由に発言できます。

また近年、エンプロイー・エクスペリエンス（Employee experience、従業員の体験）ということも盛んに言われています。たとえば、オフィスをおしゃれにして、カフェテリアを提供するといった、楽しく働ける場づくりが会社にとって大事な課題になっています。これも組織をオーガニックにするための一つの方法と言えるでしょう。エンプロイー・エクスペリエンスについては、第4章で説明しています。

❻計画主義から学習主義へ

ビジネスのスピードがどんどん速くなっている中で、これまでのような「計画を決めてから動く」というスタイルが通用しなくなってきています。

1年後、2年後ではなくて、いまは猛スピードで走りながら考えて、走りながら変えていくという「学習主義」でなければ成果を上げられない時代です。

❼プレイング・マネジャーからポートフォリオ・マネジャーへ

メンバーの管理や指導をしながらメンバーと同じ業務をこなす、いわゆるプレイング・マネジャーはいまや古いモデルです。

オープンなツリー型の組織では、社内に限らず、社外の人材や組織、テクノロジーといったあらゆるリソース（資源）を活用して、いかに問題を解決していくか、いかに価値をつくっていくかという「ポートフォリオ」（最適な組み合わせ）を考えることがマネジャーに必須の役割になってきます。

❽従業員への接し方は鵜匠型から羊飼い型へ

鵜匠《うじょう》は複数の鵜の首を縛ってアユを獲《と》ります。それと同じように、従業員の自由度を奪って管理してきたのがこれまでの会社のやり方でした。

そうではなくて、いま求められているのは、それぞれの従業員の自由度を高める羊飼いのような管理の仕方です。個人個人が働きやすく、本人のやりたいことができるように、それぞれが最大のパフォーマンスを発揮できるような「場づくり」が大事になってきています。

自律的なパフォーマンスを引き出すのが、マネジャーの役割

ビジネスのスピードがどんどん速くなっている中、その変化にいかに素早く適応するかが会社にとって大きな課題になっていることは、いまさら断る必要もないでしょう。

当然のことですが、トップの判断を待ってようやく動き出すような会社は変化のスピードについていけません。素早く適応するためには、それぞれの「現場」が自律的に判断してすぐ動くことが望ましいわけです。つまり、現場が自律的に成果を生み出せるようにサポートしていくことが、マネジャーの大事な役割なのです。

短期的・長期的・随時的――3つのパフォーマンス

現場の成果というのは、言うまでもなく「個人のパフォーマンス」に左右されます。

要は、マネジャーというのはチームのメンバーのパフォーマンスを最大限に高めるために存在しているわけです。

ただ気をつけたいのは、**パフォーマンスが「短期的」「長期的」「随時的」という3つの時間軸に分類される**ということです。

- **短期的というのは、いま目の前にある本人とチームのタスクを実行すること**
- **長期的というのは、本人とチームの市場価値（スキルや成長可能性）を高めること**
- **随時的というのは、本人とチームが変化に適応できるような能力を身につけること**

残念ながら多くのマネジャーは長期的パフォーマンスの視点が欠落していて、短期的パフォーマンスだけを考えがちです。

気にかけるのは目の前のタスクだけ。メンバーがちゃんとやっているかどうかをコントロールしようと、常にデスクに座っているかどうかをチェックしている――。ありがちなタイプですよね。いわゆる「マイクロマネジメント」のマネジャーです。

そうではなくて、たとえば、席にいるよりも勉強会に行ったほうが本人とチーム、会社にとって長期的には価値があると、優秀なマネジャーなら考えます。

裏返せば、そんなふうに考えられないマネジャーは、メンバーが自律的に成果を生み出せるようにサポートするという、マネジャー本来の役割を放棄しているとさえ言えるのではないでしょうか。

メンバーが自発的に会社のビジョンに向かって日々の業務を実行できて、なおかつ自発的にアイデアを出して実行できるようにして、最終的に自己実現できるように育んでいくというのが、マネジャーの仕事と言えるでしょう。

「新人の発言」をどんどん促したほうがいい理由

マイクロマネジメントは、とくにチームに新人が入ってきたときに起こりがちです。

多くのマネジャーは新人に対して、どうしてもコントロール、支配しようとします。たとえば、「新人だから意見を言うな」とか「おまえがそれを言うのは、まだ早い」などと平気で叱るマネジャーが少なくありません。

そうではなくて、「すごいね、いい意見だね」とか「もっと言って」などと、新人の発言をどんどん促したほうが、より早く本人が成長できるし、チームにシナジーをもたらす可能性もあるので、長期的パフォーマンスを考えれば断然よいわけです。

業務にしてもそうです。「これをやるのは、まだ早い」ではなくて、「この作業をやってみないか」と、どんどん任せてみる。慣れていないから失敗するかもしれないし、時間が3倍かかるかもしれません。けれども、業務を委譲された新人は自分が信頼されていると感じて、うれしい気持ちになって懸命に頑張ります。結果として、本人とチームの長期的パフォーマンスの向上につながるわけです。

新人に対してはコントロールするのではなくて、こうした「自己効力感」（自分はそれが実行できるという期待＝効力期待や自信）を高めてあげることが大事なのです。

なにも新人に限りません。チームのメンバーは、マネジャーが信頼してくれている、任せてくれている、褒めてくれている、サポートしてくれていると実感できていれば、自発的にそのマネジャーについていくものなのです。

自分が新人だった頃を振り返れば、だれにでも思い当たることではないでしょうか。

自分自身にもチームメンバーにも学びの機会を与える

マネジャーが自分の業務をメンバーに委譲することは、メンバーに「学び」の機会を与えることにもつながります。

仕事を通じて何かを学ぶというのはとても大事なことで、裏返しに言えば、学びの少ない仕事は価値が低いわけです。

その意味ではマネジャー本人にとっても、メンバーに自分の業務を任せるということは非常に有益です。というのは、業務が減る分、自分自身の学びの時間が増やせるからです。

先輩が後輩に自分の仕事を引き継ぐというのは、そういうことなのです。後輩ができたらそのまま同じ仕事＝学びの少ない仕事を続けるのではなくて、**後輩に自分がやっている仕事を教えて後輩の自己効力感を高めて、同時に自分も新しい仕事を始めて学んでいくというのが、本来の働き方**と言えるでしょう。

僕が見てきた成功しているビジネスパーソンも、みんな毎日学びを意識しながら仕事をしています。

「フロー状態」を増やせば、生産性は上がる

マネジャーの大事な役割として「メンバーのパフォーマンスを向上させること」と述べましたが、近年のハイパフォーマンスの研究では、アメリカの心理学者ミハイ・チクセントミハイが提唱している「フロー理論」（**チャレンジとスキルが釣り合う状況で、物事に没入する体験や状態に関する理論**）が注目されています。

フローとは、簡単に言えば「夢中になる」こと。自分にとって興味があることを一生懸命やっているという状態です。フロー状態は、普通は8時間働く中でわずか30分しかないとされていて、その状態が1時間半に延びると、生産性が2倍になるといった研究結果が出されています。

フロー状態ではドーパミンやエンドルフィンなどの神経伝達物質の分泌が増えるおかげで、幸福感が高まってストレスも下がるとも言われています。

要は、**マネジャーの役割は「メンバーのフロー時間を延ばすこと」とも言える**わけです。何も難しい話ではありませんね。一人ひとりのメンバーが仕事に関心を持って、落ち着いて集中して、楽しく働けるようにサポートするだけのことです。

心理的安全性が高くなければ、フロー状態は生まれない

当然ながら、先の章で詳しく述べた「心理的安全性」が高くなければ、フロー状態は生まれません。たとえば、どんなにその仕事が好きなメンバーでも、自分が共感できないマネジャーのもとでは、落ち着いて楽しく働けないわけです。

共感というのは、言うまでもなく感情レベルのつながりです。僕は、**マネジャーとメンバーの感情的つながりは、心理学で言う「ラポール」（和やかな心の通い合った状態）が理想**だと思っています。

人には好き嫌いがあるので、ラポールというのはハードルが高すぎると思うかもしれませんが、僕はむしろ、お互いの感情の状態としてごく自然なものだと考えています。

相手との共感を高める方法として、営業の研修などでよく教えられているのは、「話すスピードを合わせる」「声のトーンを合わせる」「言葉づかいを合わせる」「話題を合わせ

る」「動きを合わせる」といった、エコーとかミラーリングと呼ばれる心理学的手法でしょう。

ただ、これを相手に気づかれずに自然に行うのは結構難しいのでおすすめできません。というか僕自身、このメソッドをマネジャー研修で何度か試してみたのですが、参加者が白けるだけだったので、大嫌いになってしまいました。エコーやミラーリングは、どうも「心の通い合い」といったものをかえって邪魔するようなのです。

いま僕がビジネスセミナーなどで行っている「共感のワーク」は、極めてシンプルですがとても効果的です。それは、お互いに目を見つめること――。

目を合わせるというのは人間にとってとても大事な行為です。たったそれだけで、「あなたは敵ではない、信頼している」という、共感の前提になる承認の感情を伝え合うことができます。

これは脳内の「ミラーニューロン」（目の前にいる他の個体の行動を見ることで自分自身も同じ行動を取っているかのように反応する神経細胞）の働きによるもので、相手の目を4分ほど見続けるだけで、お互いに土台のレベル、いわば論理ではなくて感情レベルでつながれるというわけです。

「共感が大事ですよ。さあ、みなさんも隣の人と心を通わせましょう」などと、いくら言葉で説明しても、そこにいる参加者の感情は変わりません。それよりも、「4分間、隣の人の目をじっと見てください」と強制的にやってもらう。すると、隣の人に自然と親しみの感情がわき、会場全体が和やかな雰囲気に変わっていることにも気づく――。

そこで「共感って大事ですよね、共感をつくることって案外簡単ですよね」などと説明を始めたほうが、まさに論理ではなく感情で理解してくれるわけです。

また、ビジネスセミナーなどでは、掲げたテーマを理解してもらうことと並んで、参加者同士の交流も大事な目的です。それもあって、僕はこの「共感のワーク」を取り入れて、交流を促すようにしています。

人の目を見ているうちに、親しみとともに「この人、どんな人だろう？　ちょっと聞いてみようかな」などと、相手に対する関心も自然に高まります。そうした好ましい感情をお互いに持っていることで、単なる初対面の挨拶ではない、一歩踏み込んだ交流ができるようになるわけです。

ちゃんと相手の目を見て話すことの重要性

さて、マネジャーがメンバーの共感を得たいと思ったらどうすればいいのか。毎日一緒に働いているチームのメンバーに対して、マネジャーが「じゃあ、4分間、見つめ合ってみよう」などと、いきなり提案するのもかなり不自然ですからね（とはいえ、実際にやってみればそれなりの効果を実感するはずですが）。

要は、メンバーとのワン・オン・ワンのときにちゃんと相手の目を見て話すという、ごく当たり前のことをやればよいだけです。

目を合わせて話すことによって、メンバーには自然に「自分は承認されている」という安心感が芽生えます。これが共感のスタートになるわけです。

ちなみに、「最近、仕事の調子はどうですか？」「いつもありがとうございます」といった、日常的な言葉がけでも相手に承認の感情を伝えることができます。特別な会話はまったく必要ないのです。

「思考の多様性」がないと、新しいアイデアは生まれない

チーム及びマネジャーが必要な理由は、繰り返しになりますが、チームのダイバーシティ（多様性）による「集合知」なしに、大きな成果を上げることはできないからです。

ここまで述べてきたマネジャーの「やるべきこと」も、当然ながら、いかにチームの集合知をつくっていくかという方法論に直結しています。

さて、**ダイバーシティで重要なのは、よく言われがちな男女の割合がどうとか外国人の割合がこうといった人材の多様性ではなくて、「思考の多様性」**だと僕は思っています。

大きな成果を上げるためにまず必要なのは、言うまでもなく、新しいアイデアです。いくら資金があっても、新しいアイデアがなければ、文字どおり宝の持ち腐れでしょう。

たとえば営業職というのは、お客さんの先を読んで必要なものを提案する仕事です。だから変な話、お客さんのことをお客さん以上にわかっていなければいけない。つまり、営

業チームが成果を上げるためには、セールスのテクニックなどに先立って、インサイト（購買意欲の核心やツボ）にかかわるアイデアが不可欠になるわけです。

年代が変われば、考え方が変わる

僕がやっている経営コンサルタントというビジネスでも、インサイトにかかわる多様なアイデアの重要性について実感する場面が多々あります。

最近も、新卒採用の相談を受けている会社で「うちの20代の女性スタッフはこう言っていましたよ」と、彼女のアイデアを伝えたら非常に喜ばれました。いわばプラスアルファの価値を提供できたわけですが、そんなアイデアが出てくるのも、僕のチームにクライアントの会社にはない思考の多様性があるからだと自負しています。もし、チームのスタッフが僕と同じ40代の男性ばかりだったら、価値のある新卒採用のアドバイスはできなかったでしょう（本当は、クライアントの会社の人事が新人社員のアイデアをどんどん取り入れるようにすればよいだけの話だとも思うのですが）。

思考の多様性がないと、新しいアイデアは生まれない――。そんな極めてシンプルな

「法則」をわかっていないマネジャーが案外多いのではないでしょうか。

ある会社のイベントに呼ばれて講演したときに、イベント後の懇親会でこんな場面に遭遇したことがあります。

僕は社長の隣に立っていました。そこに入社2年目の若い女性社員がきて、僕に向かって一生懸命、今回のイベントについて話すわけです。「こういうふうに考えてこうした」とか「もう少しＳＮＳで広げればよかった」とか「マーケティングはこうすればよかった」とか。聞いていると本当にいいアイデアばかりで、僕はとても感心しました。

ところが、隣にいた社長の反応はぜんぜん違いました。彼女の言おうとしていることが理解できないのか、すぐに僕たちの会話に割って入って、「おまえ、それはな……」「ここでする話じゃない」などと上から目線で彼女の話を止めようとするのです。

せっかく出てきたアイデアを聞こうともしない、最悪ですね。この社長はダイバーシティ＝思考の多様性の価値をまったくわかっていないのでしょう。

改めて懇親会の会場を見ると、イベントを運営しているのは男性社員ばかりで、ほとんどが40代後半――。よくこんなにそろったなと、別の意味で感心してしまいました。

メンバーの発言をチームの仕事に生かす

常にメンバーの発言に耳を傾けて、それをどうチームの仕事に生かすかを考え続けることが、マネジャーの大事な役割です。

たびたび自分のチームの自慢話のようになって恐縮ですが、2人の女性メンバーとSNSでの僕のプロモーション方法について話し合ったときのこと——。

「フェイスブックも、ツイッターも、インスタグラムも、なんでも使えるんじゃない?」

そう言うと、20代の女性スタッフがきっぱり否定しました。

「ピョーさんは、インスタと相性がよくない」

「そうなの? どうして?」

「インスタは基本的に写真だから。ピョーさんはテキスト向きだと思う」

「だったら、そこにテキストを入れたら?」

すると、30代の女性スタッフが「でも、インスタは長いテキスト読まないし……」

いろいろとアイデアを出し合って、結局は「マンガをつくったらウケるかも」というところに落ち着きました。物陰から変な外国人(=僕のキャラクター)が働いている日本人の女性を見て、「ここが変だね」と突っ込みを入れる四コマ風マンガなら、インスタで広がるかもしれないというわけです。

現実的にやるかやらないかは、また別の話で、「インスタは無理」→「でも、ちょっと考えてみよう」→「インスタは写真だけじゃない」→「だったら、マンガ？」→「いいね、変な外国人キャラ」というふうに会話がつながって、新しいアイデアが生まれました。

ダイバーシティの会話というのは、こうしたものです。40代の外国人男性、30代の女性、20代の女性という思考の多様性があるからこそ、一人では思いつかない新しいアイデアが出せるわけです。

僕一人で考えていたら、フェイスブックにもツイッターにもインスタグラムにも同じコンテンツをアップしていたかもしれないし、20代の女性が一人で考えていたらインスタでのプロモーションをあきらめていたかもしれません。

それぞれのメンバーが持っている思考のパターンをチームの中に取り入れて、チームの多様性を高めることは、まさにマネジャーの腕の見せどころ――メンバーの入れ替えや外部の活用も含めて――と言えるでしょう。

チームメンバーが仕事ができないのは、マネジャーのせい

ところが、多様性の一端を担う大切なチームのメンバーに対して、「あいつは仕事ができないから」などと投げやりになっているマネジャーも少なくありません。

けれども僕が知る限りでは、そもそもマネジャーが「マネジャーの仕事」をしていないせいでメンバーがパフォーマンスを発揮できずにいるケースが多いのです。

たとえば、ゴールを設定していない、ゴールを達成するためのプロセスを示していない、フィードバックをしていない――。

先に述べたとおり、「最近、仕事はどうですか？」「プロジェクトはどれくらい進んでいますか？」「何がボトルネックですか？」「私からはどういうふうにサポートすればいいですか？」といった明確な会話をすることこそがマネジャーの仕事です。

そうしたワン・オン・ワンの会話をしないまま、「あいつは仕事ができない」と決めつ

けてしまうマネジャーが多すぎます。

本当は、**「マネジャーが自分を見ていてくれて、自分に力を入れてくれている」というような気持ちになれれば、だれでも頑張れるはず**なのです。

ちなみに、人事担当者の罪も非常に重い。仕事をしていないマネジャーの予断や偏見を鵜呑《うの》みにして、「何ができないのか？」「どういうふうにできないのか？」「その評価にどんなエビデンスがあるのか？」といった当たり前の確認もせずに、「それなら窓際に行ってもらおう」などと安直に異動の判断をしているケースが結構多いのです。もしそのような間違った判断が行われているのなら、ぜひ心ある人事担当者と手を組んで会社を変えていっていただきたいと思います。

チャンスをつくるのもマネジャーの大事な役割

さてマネジャーは、モチベーションが上がらず、パフォーマンスも低いメンバーに対してどう接すればよいのか。当然ながら、ある業務ができないからといって、ビジネスパーソンとして失格というわけではありません。

先にスポーツチームの例えを使って、「やる気のない人はチームにいらない」と述べましたが、一方で、そうしたアンダーパフォーマー（成績などが目標を下回ること）に対して「チャンスをつくる」というのもマネジャーの大事な役割なのです。

要は、**「キャリア・マネジメント」もマネジャーの重要な仕事**と言えるでしょう。

当然ながら、マネジャーはその前提として、メンバーが「これからビジネスパーソンとして何をやりたいのか」、明確に把握しておく必要があります。

ただ困ったことに、「自分自身、何をやりたいのかよくわからない」という、自己認識の希薄なビジネスパーソンがじつは少なくありません。

マネジャーに尋ねられても「言わない」のではなくて、本当に「わからない」――。とくに日本企業にはこのタイプが多いと僕は感じています。

だからメンバーの自己認識を促すこと、つまり自分が何をやりたいのか、自分で考える習慣を育むことが、まずはマネジャーの仕事になってくるはずです。

よくありがちなコーチングの間違い

ところがよくありがちなのは、コーチングの研修を受けたマネジャーがある日突然、こんなふうに面談をするパターン――。

「そこに座って、いまからコーチングするから。おまえは自分のキャリアをどうしたいの？　え？　わからない？　なんでわからないの？　自分のことなのに？」

10年も一緒に働いていて、キャリアのことなんて一度だって聞いたことがないくせに、「さあ、いますぐに言え」と責め立てる。挙げ句の果てには答えられないというだけで「ダメなやつ」とレッテル張り……。

これではマネジャー失格です。そうではなくて、**優しく何気なく話しかければよい**のです。たとえば、歩きながら――。

「そういえば聞いていませんでしたが、将来どうしたいんですか？　ああ、わからないんですか。そうですか……」

1回目はそれで終わって、次の週にまた聞く――。

「先週、ちょっと聞きましたよね、将来どうしたいんですかって。あれから何か考えてみました？　ああ、あんまり考えていないんですか。そうですか……」

時間をおいて再び質問することで、考える必要があるということを認識させるわけです。「考えておいて」とも言わない。決して押しつけるのではなくて、優しく一回聞いて、いったん離れるだけでよいのです。

本人は「また聞かれるかな」と思って、きっと考え始めます。もしかしたら家に帰って奥さんに相談するかもしれませんね。

「将来どうしたいって、マネジャーに聞かれたけど、答えられなくて。オレって、何したいんだっけ？」

「あなた昔、○○したいって、よく話してたじゃない？」

「ああ、そっか。ぜんぜん忘れてた。ありがとう。じゃあ、聞かれたらそれを言うよ」

そして3回目で、コーチングに入ります。

「将来どうしたいんですか？　ああ、そういうことがしたいんですね。だったら、この仕事のこの業務を頑張ったら役立つんじゃないですか？」とか、あるいは「じゃあ、僕のチームで苦労するよりも、あそこのチームに入って頑張ったほうがいいんじゃないですか？異動できるかどうか確かめてみますよ」といったキャリアに関する前向きな提案もできるでしょう。

こんな建設的な会話を交わす機会をマネジャーが定期的につくれば、メンバーそれぞれにとって、何がモチベーションになっているのかを把握できて、それを支援することができるはずです。

要するに、これがキャリア・マネジメント――「チャンスをつくる」というマネジャーの仕事です。

もっと理想を言えば、**マネジャーが行うコーチングというのは、一瞬一瞬、日々の会話の中で行われるべき**です。「そうか、〇〇と思うんですね。なぜそう思ったんですか？」「なるほど。ただ、〇〇以外の選択肢もありますよね。一緒に考えてみましょう」「じゃあ、私はこれからどんな支援をすればいいですか？」――。

普通に会話している中でオープン・クエスチョン（二者択一ではなく、自由に意見を言える質問）とフィードバックを繰り返す。その一瞬一瞬がコーチングであって、その積み重ねによって本人がさまざまなことに気がついて、おのずと変わっていくわけです。

マネジャーにとって必須の「判断基準」

そんなコーチングの前提にあるのが、先に紹介した「マネジャーは経営のトップにどう評価されるかを常に考えることが大事」という考え方です。つまり、**マネジャーは、メンバーに対しても、経営者と同じ見方をしないといけないわけ**です。

経営者なら、社内のすべての人材を適材適所で最大限に活用するというのが当然の経営判断でしょう。要は、「いまこの業務ができないから、あいつは仕事ができない」と評価するというのは、非常にレベルの低い見方なのです。

経営者の立場で考える――。マネジャーにとって必須の「判断基準」です。

会社に必要な仕事と、その人のスキルや好みが一致していないと、当然ながらパフォーマンスは出ません。つまり、それをいかに一致させるかが会社全体のパフォーマンス、成果につながるわけです。

もちろん、適材適所によって本人たちのモチベーションはすごく上がります。モチベーションは、**「目的（Purpose）」「熟達（Mastery）」「自主（Autonomy）」**の3つの要素がそろうと、上がりやすいと言われています（図表5）。

各メンバーの仕事について、次のような観点からそれぞれの仕事がメンバーのモチベーションアップにつながっているかどうか、一度確認してみてください。

・**目的**……意味があると思えているか？
・**熟達**……新しいことを学べているか？
・**自主**……選択肢が増えているか？

もちろん、自分なりに言葉をアレンジして、直接本人に質問してもよいのです。

●図表５　モチベーションの構造

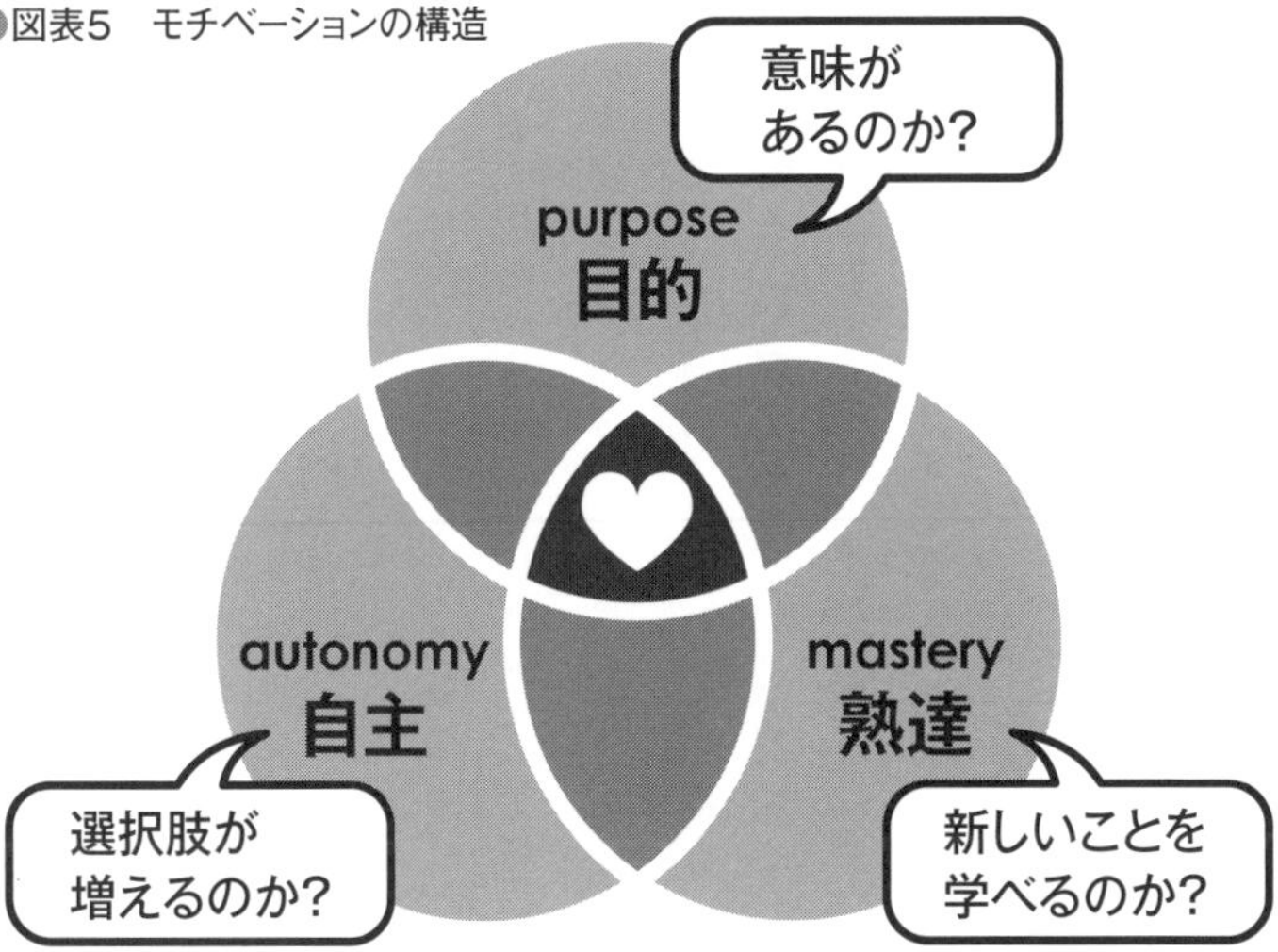

各メンバーに「自分のことをちゃんと見ていてくれる、やりたいことをやらせてくれる、いい会社」と思ってもらえれば、優秀な人材の流出も防ぐことができるでしょう。

こんなふうに考えられないマネジャーは、はっきり言ってマネジャー失格なのです。

新しいアイデアを生み出す、オープンなコミュニケーション

先に「愚痴やもめごとはチームにとってよいこと」と述べたとおり、愚痴やもめごとが目に見えることがチームの心理的安全性や、ダイバーシティの証しとなります。**心理的安全性がなければ、愚痴や文句を自由に言えないだろうし、思考の多様性がなければ、なんの意見の対立も起こらないでしょう。**チームの中に、違う価値観や違う考え方を持ったメンバーがいて、安心して愚痴ったりぶつかったりできる――。そんなオープンなコミュニケーションによって、新しい価値、新しいアイデアが生まれてくるのです。

「増やしたい対立」と「増やしたくない対立」

その意味では、愚痴が早く出てくればくるほど、早く建設的な方向へメンバーを導くこ

とができるとも言えるでしょう。

感情レベルの対立をきっかけにして、「何が欲しい」「こういうことが欲しい」というアイデアベースの会話を経験すると、「自分の話を聞いてくれる」と実感できます。すると、感情的になりがちなメンバーの態度も、次第に建設的な態度に変わってくるのです。**同じ「対立」であっても、アイデアベースのほうを増やしていけば、それに応じて、感情のレベルのほうは自動的に減っていきます。**そのためにも、愚痴を含めて安心してなんでも会話できるような心理的安全性を高めていくことが、やはりマネジャーの役割なのです。

言うまでもなく、対立というのはケンカを売る・買うということではありません。あくまでも建設的な会話です。

たとえば、「これ、つくったんですけど、どう思いますか?」という問いに対して、「ここはこうだから変えたほうがいい」とか「こんなデータがないと納得できない」といったように、どう思うかということを、論理的・建設的に答えるということ——。

ところがよくありがちなのは、「どう思いますか?」と聞かれたときに、「うーん、どうでしょうか」などと、何も答えが出てこないケースです。これでは、さらにアイデアをよくすることはできません。

また、マネジャーが「うん、いいね」などと右から左にそのまま通すことにも問題があるでしょう。

僕は**「アイデアを確かめる」ことがマネジャーの大事な役割だ**と考えています。

たとえば、あるメンバーから「これをやってみたい」という提案があったら、ほかのメンバーに「みなさん、どう思いますか？　チームにとって意味がありますか？」などと確かめるわけです。そして、意味がないなら「なんで意味がないのか？」、意味があるなら「どんな意味があるのか？」などと一緒に話し合っていく。その中で、そのアイデアだけではなくて、別のアイデアの可能性を探っていく――。

こうしたことが、いわば生産性を高めるために必須のプロセスであり、そのプロセスを実行させることがマネジャーの役割というわけです。

もっとも建設的で生産性の高い関係性とは

ただ、**メンバーが価値観とか信念のレベルである程度同じ方向を見ていないと、建設的な会話を増やすことは難しい**かもしれません。

たとえば、人材育成を担当するチームでワークショップを企画・運営しようというとき、そもそもAさんは「トップダウンの教育」が好き、Bさんは「ボトムアップの教育」が好きというような価値観レベルのズレがあると、収束できない摩擦が起こりがちです。

一回きりならどちらかが我慢する形でやり過ごせるかもしれませんが、当然ながら我慢は長続きしません。結局は当事者の関係性が悪化して、チームの生産性も低下してしまうでしょう。

この章の冒頭で、マネジャーの必須の役割として「チームのミッション（ビジョンと戦略）をちゃんと決めること」と記しました。それが明確であれば、こうした価値観レベルのズレも本来的には起きないはずなのです。

要は、チームのミッションが「ボトムアップの教育」ということであれば、それに同意できないメンバーについては、先に述べたような「適材適所」の観点から人事異動も含めて、建設的に会話を重ねるしかないのではないでしょうか。

ちなみに僕の会社では、**価値観と信念が一緒であればクライアントとオープンなパートナーシップが築ける**と考えています。なので、直接的な「売り込み」を一切しないようにしています。

僕たちがやっているいわゆる営業活動は、あくまでも「仲間づくり」であり、「コミュニティづくり」です。

具体的には、人材開発にかかわるイベントを主催して、来たい人たちに来てもらっています。イベントに来てくれた人たちの中には、当然ながらクライアントになる可能性のあるビジネスパーソンがたくさんいます。その人たちはすでに、僕なり僕の会社に価値観レベルで共感してくれているわけですから、「もうちょっと深い話をしませんか？」と、通常の売り込みよりも一歩も二歩も踏み込んだ会話ができるわけです。

そうした場で生まれるのは、コンサルタントとクライアント、業者とお客さんという関係性ではなくて、仲間という関係性だと実感しています。

たとえば、イベントの参加者にはよくこんなふうに話しかけられます。

「ピョートルさんの今日の話、面白かったですね。うちの会社にはこういう課題があるんですが、何か一緒にやってみたいですね」

僕の会社にとって「一緒に」というのが非常に大事なポイントです。つまり、B to B・B to CではなくてB with B・B with C。業者と業者、業者とお客さんが対等なパートナーとして共に動いていく――。**こうしたオープンなパートナーシップこそ、もっとも建設的で生産性の高い関係性**だと思うのです。

第4章

〝一瞬〟で差をつける「チーム時間」の使い方

よい集合知を得るには、完璧主義ではなく、「実験主義」でなければならない

チームによって生み出された〝新しいアイデア〟の成果の一例として、僕が経営するコンサルティング会社、プロノイア・グループの「理念」を記したビジネス文書（実際はA4用紙2枚）をご紹介します。一人の社員が提案してくれて、作成しました。図表6がその全文です。書かれている内容もこの本のテーマに結びつくことなのでもちろん大事なのですが、言いたいのは、この文書は僕を含めた当時のメンバー4人が一緒に作業して30分ほどで作成したものだということ――。大企業で理念をつくるとなったら、この程度のペーパーでも3カ月はかかるのではないでしょうか。

会社にとって大事なものだからこそ、作成に3カ月もかかる。それはわかるのですが、僕にはむしろ「完璧主義」の弊害に思えます。**完璧は遅すぎます。**前章でもお話ししたように、今日のビジネスの状況は変化が速く、だれにも正解のわからない時代です。だから

●図表6　プロノイア・グループの理念

プロノイアの特異性と提供できる価値・変化
“Pronoia Way” and the changes it can make

特異性 **プロノイアは、「はたらく＝たのしい」を体現している /We play work.**

価値 「はたらく＝たのしい」の空気感や気持ちを少し（擬似）体験できる

変化 触れ合った人たちの、「はたらく」が再定義され、よりたのしくはたらくように心がけと行動が変わる

具体的な特徴
- 社内・社外に限らず打ち合わせでは真面目な発言と同じくらい冗談を言う
- 論理だけではなく直感、感情も会話に含めて話すことができる
- スライドがすごくたのしい　カラフル
- 喋り方が軽やか　話し言葉
- 打ち合わせや移動など仕事中にも、周囲への好奇心や感性、驚きを大切にする
- 「疲れた～」ということを気軽に言える、言ってはいけない雰囲気がない

特異性 **プロノイアは、問題発見よりタイムリーな実験を重ねる /We bring timely solutions.**

価値 課題発見と分析に時間をかけず、早くより良いかたちを創造していける

変化 減点思考から創造的思考に変わり、批判より実験するようになる

具体的な特徴
- 計画になくとも、状況を読んだタイムリーな提案を歓迎する
- 問題の共有”だけ”はしない、意味を持たない

特異性 **プロノイアは、完全にフラットな関係性で繋がっている /We connect flatly.**

価値 新しい上司ー部下、女性ー男性、自社ークライアントの関係を体験できる

変化 触れ合った人たちにとって、「関係性」の持ち方が再定義され、より互いに建設的で愛に溢れる関係を相手と持とうとする心がけと行動が変わる

具体的な特徴
- 上司と部下、お互いがお互いを頼ることができるし、フィードバックも何でも言い合える
- 「ありがとう」「ごめんね」を伝え合う

特異性 **プロノイアは、裏表がない /We have nothing behind us.**

価値 常にクリアな関係性でいられて互いへの愛情や信頼がどんどん強くなっていく

変化 タブーだと思ったことも、建設的に伝えることでよりポジティブな状態を作ろうとする姿勢に変わる

具体的な特徴
- 打ち合わせの前後では、感じたこと・考えていることを小まめに率直に共有する

特異性 **プロノイアは、チャーミングさを大切にしている /We do it charmingly.**

価値 自分の中の善良な面が安心して前に出るようになる

変化 プライドや競争でなく、共に生み出す姿勢に変わる

具体的な特徴
- 厳しい提言をするときも、かわいさを交えていう工夫を忘れない

特異性 **プロノイアは、期待を裏切る /We expect unexpected.**

価値 新しいこと、面白いこと、変わったことへの好奇心が掻き立てられる

変化 これまで通りの思考停止でなく、創造的・批判的に常識を疑って考えるようになる

具体的な特徴
- 会議の途中で意図的に冗談や皮肉を言って、混乱させる

特異性 **プロノイアは、サービスを売りつけない**

価値 安心してプロノイアのコミュニティにいられて、たのしくはたらく影響を受けられる

こそ、スピードが大事なのです。

要は、自分一人で完璧なものを仕上げるのではなくて、ある程度できたもの（ドラフトやプロトタイプなど）で、とりあえず「これ、つくってみたんだけど、どう思う?」とメンバーに聞く。その「試作品」についてみんなでディスカッションすれば、いろんなアドバイス、フィードバックがもらえるわけです。そうすると、よりよいものができあがるし、断然スピードも速いわけです。

これが僕の言う「集合知」です。つまり、よい集合知を得るには、「完璧主義」ではなく「実験主義」でなければならないということですね。

なので僕の会社では、ほとんどの仕事を社員同士でディスカッションしながら進めていきます。

理念づくりのときも、わずか30分とはいえ、当然ながらアイデアをいかによくしていくか、率直に意見をぶつけ合いました。

「働くこと、仕事って楽しいよね?」とか「素早く実行することが大事だよね?」といったことを確認しながら、「予期せぬことを提供していこうよ」「それって、具体的にどういうことなんだろう?」などと議論を深めていったわけです。

内容面で言えば、我ながら特徴的だと思うのは**「冗談なしに真面目な話をしないこと」**とか**「反対意見を積極的に、チャーミングに言おう」**といったルールですね。

冗談のように感じるかもしれませんが、じつは安心してなんでも言えるという「心理的安全性」を高めるのに、とても有効なルールだと思っています。

アイデアが対立したとき、感情的になっていては建設的な意見が出てきません。そのアイデアに反対でも、その発案者を責めるのではなくて、「ここをもっとかっこよくできるんじゃない？」というふうに、アイデアそのものに対して、建設的な言葉づかいでアドバイスをすることが大事なのです。

要するに、冗談やチャーミングな言葉づかいは、感情的な対立をやわらげる効果があるというわけです。

心理的安全性があれば、挑発だってできる

チームに「心理的安全性」があれば、マネジャーはメンバーに対してどんどん「挑発」することができます。

僕は挑発をとても大事なことだと考えています。なぜ、大事なのか。それは**挑発が人の心を強く刺激し、気持ちをわき立たせるため、いい意味での非常識やルールからの逸脱につながる**からです。

凝り固まった常識やルールを打ち破ることでしか、イノベーションや改善は生まれません。つまり、生産性を上げるためには、常識やルールを破るマインドセット（考え方の枠組み）を持たなければいけないというわけです。

たとえば、よくありがちなのは「みんな、こうやっているから」という提案や判断の仕方です。そんなときは、「えっ、本当にみんなが正しいの？」と挑発すべきなのです。そ

うしたら、人真似《まね》ではない、まったく新しいアイデアが生まれる可能性が出てきます。

僕は会社のスタッフとの定例ミーティング（グーグルハングアウトのビデオハングアウトを使った通話が多いのですが）でも、よくこんな挑発をします。

「今日のウィークリーミーティングは、あまり元気がないですね。どういうことですか？」

「えっ、元気ですよ」

「違う、違う。もっと仕事を前に進める話をしようということですよ」

定例のミーティングでは、直近の業務を確認し合うだけではなく、「次の選択肢」が増えないと意味がありません。

たとえば、「これ、まだできていません」「そうですか、じゃあ、引き続き頑張ってください」といった会話はまったく無意味。いわば、元気がないのです。いまのやり方で仕事が前に進まないのは、プロセスがうまく回っていないからでしょう。情報が足りないとか権限がないとか、何か原因があるはずです。そうならば、その解決のための選択肢について、みんなで建設的なアイデアを出し合うべきなのです。

チームメンバーとの会話を通じて、自分自身をアップデートする

マネジャーがメンバーとの会話を通じて、自分自身をアップデートできるかどうか。これもチームの集合知にとって、とても大事なポイントです。

人は、他者との対話を通じて得られるフィードバックによって、多くのことを学ぶことができます。マネジャー研修などで講師のレクチャーを聞いたり、ビジネス書を読んだりということだけが学習ではありません。

日々のメンバーとの会話の中で、自分の経験を振り返ったり、自分の考えを調整したりする——。その一瞬一瞬が絶好の学習の機会になるのです。それはもちろん、メンバーにとっても同じことですね。

マネジャーとメンバーとの会話に多くの学びがあるチームは、必然的に集合知が充実してきて、生産性も上がっていくことでしょう。

当然ながら、会話の最中にその内容と関係のないことを考える暇がない、中身の濃いディスカッションであればあるほど、お互いの学習は充実したものになります。

つまりマネジャーは、たとえ定例のチームミーティングであっても、いい意味でのプレッシャーをつくったほうがよいのです。先に述べた「挑発」には、学習の機会を促すという効果もあるわけです。

マネジャーからいきなり質問が飛んでくる。メンバーは即応的に自分の意見を言わなければいけない、そのためには常に準備をしてミーティングに臨まないといけない――。

こうしたいい意味でのプレッシャーは、メンバーのチーム参加の態度をより積極的なものに変えます。そしてメンバー自身が、定例のミーティングをより中身の濃いディスカッションに変えていくのです。

一瞬一瞬の会話を絶好の学習の機会にするために

「自分たちの敵は、いまの自分たち」と僕は考えています。**いまの自分たちの固定観念や先入観、偏見、妄想、デタラメ――。そういったものが自分たちのアップデートを邪魔します。だから、常に壊し続けたほうがいい。**そのためにもっとも有効なのが、自分たちと異なる固定観念や先入観などを持っている他者との対話なのです。

「なるほど、そういう考え方もあるのか」という気づきは、とても大事ですね。日々繰り返される会話の一瞬一瞬を大切な学習の機会と捉えて、自分たちの考え方を常に修正することができれば、とても効率的な自分たちのアップデートにつながります。

もちろん定例のチームミーティングでも、こうした意識を持っていれば、自分たちの固定観念や先入観などに気づくことができるわけです。

他者との対話に限りません。マネジャーがメンバーに何かアドバイスするときでも、自問自答を繰り返すことで学習することができるでしょう。「いま自分が言っていることは、メンバーに好かれたいから言っているだけの承認欲求ではないのか」とか「自分の考え方は経営判断として正しいのか、正しくないのか」といったことを、常に意識して修正しながら話す——。これも自分たちのアップデートにつながるはずです。

話し合いで大事なのは、量よりも質

チームミーティングでよくありがちなのは、何かアウトプットが出たとたん、「よし、できた。オーケー。さあ、帰ろう」というような、マネジャーの安易な態度ですね。

本来的には「もうちょっとレベルの高いことができないのか」とか「これでもうリスクがないのか」といったことについて、さらに会話を重ねるべきなのです。

もちろん、アクションをともなうアウトプットは大事です。けれども、本当に大事なのは量より質でしょう。**アウトプットのクオリティ（質）を下げてクオンティティ（量）を出すことには、まったく意味がありません。**

日本の大企業でもファシリテーションやワン・オン・ワンを導入する会社が増えていますが、実際に現場を見てみると、成果を出すためではなくて、単にアジェンダ（行動計画）を進めるための手法になっているように感じます。

メンバーが持ってきたアジェンダについて、「これは達成、これはまだ」といった具合にチェックして、一人3分で終わりという打ち合わせが多いのです。まさに質より量の態度ですね。そうではなくて、話し合いで大事なのは量よりも質のほうなのです。

アジェンダがなくなったときこそ、学習の機会

メンバーがこういうアジェンダを持ってきた。話し合っているうちにそのアジェンダが実際にはデタラメということがわかった——。そうしたら、「このアジェンダはなくしてもいいんじゃないですか？　もう一度考え直して、明日時間を取って改めて話し合いましょう」と、見直しを提案すべきなのです。間違ったアジェンダを進めても破たんするだけで、結局は時間の無駄になってしまいます。

実行中のアジェンダを見直すことに抵抗や不安を感じるマネジャーも少なくないと思います。おそらく、チームの短期的なパフォーマンスが下がることを心配するのでしょう。

けれども、**長期的なパフォーマンスで考えれば、アジェンダがなくなったときに柔軟に対応できるというのは、とても大事なスキル**なのです。それを学習する絶好の機会なのですから、マネジャーが見直しを恐れる必要はまったくないわけです。

計画主義では生産性を高められない

グーグルでは、**アンコンシャス・バイアス（Unconscious bias、無意識の先入観・偏見）**、つまり自分では気がついていない自分の先入観や偏見について、そして**バイアス・バスティング（Bias busting、先入観・偏見を壊すこと）**について、全社員を対象に研修を行います。自分の先入観や偏見に気づいて、それをなくしていくことを意図的に教育しているのです。

先入観や偏見というものは、さまざまな場面に表れます。先ほどの「アジェンダを守らなければいけない」というのも先入観や偏見、いわば思い込みです。

打ち合わせをしているうちに、これまでのプランが間違っていたということがわかってくる。わかってきたら、思い込みを捨てて建設的に修正する。自分の前提が正しくなかったと気づいたら、その時点で先入観や偏見でつくったものを捨て去る――。

変化の激しい今日のビジネス環境において、もはや計画主義では生産性を高めることはできません。それができるのは、やはり、前章で紹介した**「学習主義」**なのです。グーグルのバイアスに関する研修も、こうした学習主義を徹底させるためにあるわけです。

大事なのは成果。そこに至る道筋は一つではない

当然ながら、マネジャー自身のアジェンダについても、先入観や偏見、思い込みを排していつでも見直すべきです。

「チームリーダーだから、メンバーにかっこいいところを見せなきゃいけない」などと考えているマネジャーも、少なくないのではないでしょうか。こうした考え方も思い込みの一つですね。建設的な修正の邪魔をするだけなので、さっさと捨てたほうがよいと思います。

極端なたとえ話を一つ。「今日は、私がアジェンダを用意しました」とマネジャーがかっこよく説明し始めた。すると、「マネジャー、大変です！　あなたの後ろで火事です！」とメンバーが騒ぎ出した。ところがマネジャーは「いいから、いいから。黙ってアジェンダの話を聞きなさい」と話し続ける。「でも、もう煙が……」「うるさい！」

火事のときにアジェンダについて話し続けるマネジャーというのは、まったくバカげていますが、実のところ、似たようなことが日常的に行われているわけです。

「マネジャー、アジェンダについてですが、ここでこういう現象が起きているので、もう少し時間が必要です」と、メンバーからアジェンダ見直しの提案が出たときに、「ダメ、やって！」と、マネジャーが従来の自分の計画どおりの指示を出し続ける。メンバーはしぶしぶ従う。ありがちですね。

「私がつくったアジェンダはどうでもいい。あなたのアジェンダを重視します」というような態度は、主体性がないように見えて、ある種かっこ悪いかもしれません。けれども、自分の計画を変える見直しによって、メンバーのモチベーションは確実に上がるわけです。

どちらが本当にかっこよい態度なのか、答えは明らかでしょう。**アジェンダの方向性が変わったら、マネジャーはむしろ率先して柔軟に対応を変えるべき**です。

要するに、大事なのは成果、アウトプットであって、そこに至るための道筋は一つではないのです。一度決めた計画に固執するマネジャーは、そうした本質的なことがわかっていない。だから、一瞬で対応を変えることに抵抗を感じて、従来どおりのアジェンダを守ろうとするのでしょう。

計画重視のマネジャーの気持ちもわからないわけではありません。従来どおりのプロセスを守っていれば、従来どおりの成果が出せるという、いわば経験則があることは十分に想像できます。けれどもそれは、残念ながら、チームの集合知を含めた生産性を高めることには決してつながらないのです。

「クリエイティブ・カオス」を目指す

アジェンダの変更などについて、マネジャーが判断するときに大事なのは、やはり「経営者目線」だと思います。

いまチームでやっている仕事は会社全体の中でどんな意味があるのか、このチームはメンバーの給料の総額に見合うアウトプットをちゃんと出しているのか、メンバーそれぞれが成長してもっと大きな仕事ができるようになっているのか——。**マネジャーは、こうした経営者目線で物事を見て、さまざまな判断をしなければいけません。**

もちろん、経営的な判断というのは難しい。経営者向けのビジネス書を一冊読んだらわかるというものではありませんね。

ただ、マネジャーにとってヒントはごく身近にあります。自分の上司がチームをどう見ているのか、あるいはその上司の上司が自分のチームをどう見ているのか、ということが経営者目線の参考になるわけです。彼・彼女たちが、チームに予算を下ろすか下ろさないか、人を採用するかしないか、チームを存続させるかさせないかといったことを決定するわけですから。

「クリエイティブ・カオス」は挑発によって生まれる

経営者目線というのは、突き詰めると「インパクト」（影響）と「成長」を追求し続けるということだと僕は考えています。ビジネスのどんな局面でも、インパクトが大きければ大きいほどいいし、成長が大きければ大きいほどいい――。

たとえば、先に「挑発が大事」と述べましたが、チームのメンバーそれぞれが成長し続けるために挑発は必要なわけです。

挑発によって、チームはクリエイティブ・カオス（創造的混沌《こんとん》）の状態になります。新しいアイデアが生まれるとき、その前段には多くの場合、一見デタラメのように思えるようなカオス状態が生じます。つまり挑発は、新しいアイデアが生まれるような素地をチームに故意につくり出す行為なのです。

チームがカオス状態になると、メンバーはその状態を早く抜け出そうと、より集中して考えたり、アクションを起こしたりします。それが個人個人、ひいてはチームの成長につながる大切な機会になるわけです。

クリエイティブ・カオスから抜け出すことが習慣化すると、メンバーはどんな状況でも「困った、どうしよう……」と立ち止まったり、戸惑ったりしないようになります。「困った、でも、やってみよう！」とか「やってみたけど、どう？」というふうに、いわばマネジャーよりも早く動ける人材に育つわけですね。

「インパクト」と「成長」を追求しない「オールドエリート」

ただ困ったことに、日本の大手企業でありがちなのは、「失敗したらだれが責任を取るのか？」「他社はどうしているのか？」などと言って、管理職が（ときには経営者も！）現場のビジネスパーソンの自発的な言動をむやみに止めようとする動きです。

それは経営判断の核心であるインパクトと成長とは、まったく逆の動きなのです。本当にひどい話ですね。

そのような人たちのことを僕は「オールドエリート」と呼んでいます。新しい価値を生み出す「ニューエリート」に対して、「オールドエリート」です。図表7はその簡単な対

●図表7　オールドエリートとニューエリート

	オールドエリート	ニューエリート
性質	強欲	利他主義
要望	ステータス	インパクト・社会貢献
行動	計画主義	学習主義
人間関係	クローズド（差別）	オープン（コミュニティ作り）
考え方	ルールを守る	新しい原則を作る
消費行動	誇示的消費*	ミニマリズム

*目立つための消費。社会的威信を得るために高価な商品を消費するような「見せびらかすための消費」もその一つ。

出典：『ニューエリート』（ピョートル・フェリクス・グジバチ著、大和書房）

比表ですが、詳しくは拙著『ニューエリート（NEW ELITE）』（大和書房）で説明していますので、そちらもご参照ください。

そのようなオールドエリートが社内で威張っている場合には、どうすればよいのか。極論すると、「そんな会社は辞めたほうがいい」というのが僕の考えなのですが、その真意については第6章の最後でお話しします。

新しいビジネスモデルを短期間に開発するスタートアップのリーダーは、オールドエリートには務まりません。

スタートアップは新しい価値を生み出し、それと同時に、チームに資金を提供してくれた人たちのために、成果を数字としてしっかり出さないといけないからです。

つまりスタートアップのリーダーは、自分のアイデアやプロセスに固執していてはダメなのです。積極的に自分よりも優秀な人たちの力を借りて、臨機応変にインパクトと成長を追求するしかない——。

チームを率いるマネジャーには、こうしたスタートアップのリーダー的な経営者目線を持ってほしいと思います。

「カオス重視」と「ルーティン重視」は矛盾しない

日本の大手メーカーで働いている女性が、すごい発見をしたと教えてくれました。

「会社や仕事に変化を望まない管理職のオジサンたちの共通点って、ピョーさん、何かわかる？　とにかくみんな、すご〜くファッショナブルなの！」

改めて観察してみると確かにそうです。暇そうなオールドエリートほどファッショナブル。単におしゃれな服を着ているというのではなくて、いろんなアクセサリーをつけているし、毎日時間をかけて選んでいる感じなのです。

なぜ、そんな余裕があるのか。ちなみに僕は、服の色は黒と決めています。単純な理由で、服を選ぶ時間がもったいないから。白でもよいのですが、コーヒーなどをこぼしても汚れが目立たない黒に統一しています。朝イチから仕事に集中したいので、服装などという些細なことにいちいち頭を使いたくないのです。

おしゃれなオールドエリートは、たぶんルーティンワークしかしていないのでしょう。毎日ディスカッションしていて、クリエイティブ・カオスだらけの僕の仕事とは大違い。ルーティンワークにカオスはありません。なので、服選びに時間をかける余裕があるのだと思います。

もちろん、一日24時間ずっとカオス、いわば無法地帯のような状態だと、人間は必ず疲れてしまいます。その意味では、自分のルール＝ルーティンも大事ですね。

だから僕の場合、**仕事はルールに縛られずに自由に発想したいのでカオス重視。そのほかは、余計なことに時間をかけたくないのでルーティン重視**です。服装に限らず、ルーティンワーク的な作業も、可能な限り「自動化」するようにしています。

おそらくオールドエリートは、僕と真逆です。仕事はルーティン重視。そしてファッションに限らず、単純作業などもわざわざカオス化して無駄な時間を費やしているのではないでしょうか。

チームの生産性を高めるには作業の「自動化」が不可欠

第6章で詳しく説明しますが、**ルーティンワーク的な作業の「自動化」というのは、チ**

ームの集合知を含めた生産性を高める大事なポイントです。

毎日の業務のプロセスの中で、メンバーが「面倒くさい」と思っている部分が必ずあるはずです。それは多くの場合、本人のスキルに見合わない単純な作業です。それを自動化して、本人が面白いと感じる、スキルを生かせる仕事に集中できるようにする――。

メンバーが最大のアウトプットを出せるように、インフラや仕組み、「からくり」を整えるのもマネジャーの役割なのです。

マネジャーによるコーチングは「ゲームで高得点を取る」ための教育

マネジャーが行うコーチングは、ある種の教育です。けれどもそのやり方は、テストでいい点を取るための教育ではなくて、ゲームで高得点を取る教育なのです。

たとえば、何かの資格を取得するという場合、覚えなければいけない項目がいくつか決まっていて、その決まりきったテスト問題の解答方法を教えることが教育になるわけです。ただし、テストというのは満点が１００点と決まっています。どんなに頑張っても１００点以上取ることはできません。

ゲームは違いますね。クリアすべき項目というのは、次から次に予想外のものが出てきます。その中で、0点から始まって、10点、１００点、１０００点と点数を積み重ねていって、**コーチングと本人の頑張り次第で１０００万点でも取れるわけです。**

要するにコーチングとは、一緒に会話しながら考えながら、ゲームのように一瞬一瞬、対応を変えながら、本人のパフォーマンスを最大限に引き出すということなのです。

フィードバックは一瞬一瞬が勝負。早いほどいい

たとえば、新人がチームに入ってきたとき、マネジャーはどう教育すればよいのか。もちろん会社によっては、新人用の研修メニューが用意されていて、それである程度仕事ができるようになる仕組みがきちんと整っているケースもあるでしょう。こうしたオフィシャルな社員教育も大切だと思います。

ただ当然ながら、それだけで新人は成長しません。やはり**日々の業務の中で、マネジャーが会話を重ねることによって、彼・彼女たちのパフォーマンスは上がってくる**のです。

たとえば資料づくりを任せるなら、「はい、じゃあ、これ明日までやっておいてね」と丸投げするのではなくて、「じゃあ、一緒にやってみよう。○○のための資料だけど、どういうふうにつくる?」と、まず尋ねましょう。

「なるほど、そうやるんだね。確かに、それならこの部分ができあがるけど、プラスアルファを考えたら、これもやったほうがいいかもしれない。どう思う?」

「なるほど。じゃあ、○○というキーワードをネットで検索したら、こんな記事が出てく

るはずだから、それを読んでもう少し考えてみようか？」といった会話を重ねます。そして、

「完璧なものじゃなくて、まずドラフト（草稿）を今日中につくってみてね」

ドラフトができあがったら、それについて会話を重ねます。

「ああ、いいドラフトだね。この映像が面白いし、この図もいいね。じゃあ、このテキストをこうすれば、もっとかっこよくなるんじゃない？」

今日つくったものについては今日中に、その場でどんどんフィードバックする――。とても大事なことですね。そのためには会話、つまりコーチングを毎日続けるしかありません。繰り返し述べている「一瞬一瞬」とは、要するにこうした動きなのです。

そして、**メンバーに対する一瞬一瞬のコーチング的な働きかけは、メンバーに「マネジャーがずっと見守っていてくれる」という安心感や信頼感、つまり心理的安全性をもたらします。**だからこそ、メンバーのパフォーマンスが上がるわけです。

「フィードバック」から「フィードフォワード」へ

フィードバックという言葉を使ってきましたが、僕は、じつは「フィードフォワード」**（結果を予測して、事前に行動を変えること）**のほうが大事だと考えています。

フィードバックというと、「ああ、失敗したね。ここもうまくいかなかったし、ここもうまくいかなかったね」といった会話で終わりがちです。

そうではなくて、「今度の○○の件、あなたはどんな準備をするつもりなの？」「こういうふうに準備しようと思っています」「それだと、○○を見逃しているんじゃない？　こういうふうにリスクを避けておかないと、とんでもない失敗をしてしまいそうだけど、どう思う？」というような、「やった後」ではなくて「やる前」の会話がフィードフォワードです。

もちろん、フィードバックはいらないと言っているわけではありません。要するに、フ

イードバックがフィードフォワードに生かされなければ意味がないのです。

たとえば、僕は毎月のようにビジネスパーソン向けのイベント「未来フォーラム（MIRAI FORUM）」を開催していますが、毎回、メンバーと一緒にフィードフォワードでアイデアを出し合います。イベントが終わった直後には、毎回、メンバーたちと反省会です。

「今回うまくいったこと、うまくいかなかったことを言ってみてください」

フィードフォワードをしていても、必ず反省点は出てきます。

「じゃあ、今度はどうしたらいいのかな？　一緒に考えましょう」

当然ながら、そのフィードバックが次回のフィードフォワードに生かされるわけです。

こうしたフィードフォワードとフィードバックの回路を猛スピードで回していくことで、メンバーのパフォーマンスが上がってくるわけです。

これも僕の言う「一瞬一瞬」の動き――。とても大事なことですね。

マインドフルネスの状態にあれば、会話の一瞬一瞬に集中できる

「マインドフルネス」がビジネスパーソンの間で注目されています。主に「瞑想《めいそう》」によるメンタルトレーニングの一種として流行っているようですが、僕の捉え方は少し違います。

グーグルの自己開発責任者だったチャディー・メン・タンがつくった「サーチ・インサイド・ユアセルフ」（Search Inside Yourself＝ＳＩＹ、自己の内面の探索）という、マインドフルネスに基づく人材育成カリキュラムも有名ですね。ＳＩＹは簡単に言うと、瞑想したり、自分の人生を振り返ったり、心に浮かんだ言葉などを書き留めたりする研修で、グーグルの社員にはとても人気がありました。ただ、どこか自己中心的な考え方が入っていて、僕も体験しましたが、少し違和感がありました。

チャディー・メン・タン自身は、著書『サーチ・イン・サイド・ユア・セルフ』（柴田

裕之訳、英治出版）の中で「マインドフルネスとはただあるがままでいるときの心だと思う。評価や判断を下すことなく一瞬一瞬に注意を払いさえすればいい。それほど単純なのだ」と述べています。これなら僕もまったく同感です。**一瞬一瞬に注意を払うことが、マインドフルネスの核心**だと思います。

残念ながら、日本で言われているマインドフルネスは仕事に役立つメソッドというよりも、個人の生き方にかかわるメソッドとして捉えられている印象が強いのです。

そうではなくて、マインドフルネスは建設的な会話や影響力のある会話、学びのある会話といった、仕事上のコミュニケーションに生かせるものなのです。

マインドフルネスの状態であれば、会話の一瞬一瞬に注意を払って、いかにしてもっと質の高い選択肢を生み出していくかという思考に集中して会話できると思います。それはビジネスパーソンならだれもが求めている心の状態ではないでしょうか。

一瞬一瞬の働きかけが、チームの「柔軟性」を高める

一瞬一瞬の働きかけは、チームの「柔軟性」を高めることにもつながります。**柔軟性があるというのは、さまざまな変化やアクシデントに対応できるチームということ**です。それを高めることもマネジャーの大事な役割と言えるでしょう。

たとえば自分たちが主催したセミナーで、かっこいいプレゼンを準備したけれども参加者が3人しか集まらなかったとします。そのとき、中止すべきかどうか。あるいは何十人のためのプレゼンをそのままやるのかどうか。やはり柔軟に対応すべきですね。

突発的なトラブルに対して感情的に反応する――イベントをドタキャンする――のではなくて、いまあるものをいかに最大限に使っていくかということを考える。つまり、一瞬一瞬の判断ですね。いまあるリソース、シチュエーションをいかに生かしていくかということを柔軟に考えていくべきだと思います。

僕なら「じゃあ、みんなで居酒屋に移動しませんか？ お酒を飲みながらざっくばらんに今日のテーマについてディスカッションしましょう」などと提案します。

こうしたマネジャーの柔軟な提案に対して、メンバーも柔軟に対応してくれるようなチームが望ましいわけです。そして、**マネジャー自身の柔軟な言動はメンバーの柔軟性を高めるよいトレーニングにもなる**でしょう。

チームが勝つには柔軟で速やかな指示も不可欠

一瞬一瞬の判断というのは、スポーツ・コーチングをイメージするとわかりやすいかもしれませんね。

練習中、コーチはプレイヤーの動きをこまごま見ています。プレイだけではなくて、表情や声色なども見たり聞いたりしている。そして一瞬一瞬、プレイの部分とメンタルの部分を細かいフィードバックをしながらアドバイスする。本人の中にある成長を妨げている心技体の「ブロック」（障害）を一緒になくしていくわけです。

けれども、試合中は触らない。プレイヤーを混乱させるからです。ただ、必要に応じて休憩のときにシンプルな指示を出します。ここでも一瞬一瞬の判断――。チームが勝つためには「これをして！」という、柔軟で速やかな指示も不可欠なのです。

そして、練習中のアドバイスや試合中の指示をプレイヤーが受け入れるかどうかは、コーチとプレイヤーの間に信頼と尊重の関係が築かれているかどうかで決まるでしょう。

ビジネスチームのマネジャーとメンバーの関係もほとんど同じですね。**フィードフォワードとフィードバックを繰り返して本人の気づきを促し成長させる。ただ、チームとして成果が上がるように明確な指示も出す。**そして、それがうまくいくためにはチームの「心理的安全性」、マネジャーとメンバーの信頼関係がとても大事になってくるわけです。

繰り返しになりますが、メンバー一人ひとりを尊重できない、信頼できないマネジャーのもとでは、チームは建設的に動いてくれません。

要するにマネジャーは、普段からメンバーと本音が言える関係を築いて、いざというときに指示をすぐ受け入れてくれるチームにしておくということです。つまり、**チームの集合知を含めた生産性を高めるには、ボトムアップとトップダウン両方を適切なときに受け入れてくれるメンバーのマインドセットが不可欠**なのです。

先ほどのイベントの例で言えば、スタッフのマインドセットが、居酒屋への会場変更という僕の提案に柔軟に対応してくれるものでなければ、結局はアイデア倒れに終わってしまうでしょう。

自分の「判断基準」を前もってチームメンバーに伝える

「メンバーが自分の思ったとおりに動いてくれない」というのは、マネジャーによくある愚痴ですね。そのときに怒鳴って感情的に反応する。これもよくありがちです。

繰り返しになりますが、**大事なのは怒鳴る前に、メンバーとの間に信頼と尊重の関係を築いているのか、マネジャー自身がしっかり見直してみること**です。そして、マネジャーが指示するときに大事なのは「経営者目線」でしょう。もちろん、マイクロマネジメントでは成果は上がりません。

マネジャーの指示というのは、自動車教習所の路上教習にも似ているかもしれませんね。仮免許で外に出るといろんな車が周りを走っているし、歩行者も大勢います。基本的に運転は教習生がしますが、いざ危険となれば、すぐに教官がブレーキを踏むわけです。

信頼と尊重の関係を築くうえでも、こうした厳しさがときには必要だと思いますね。

時間を無駄にしないためにはルールが欠かせない

けれども、単に厳しく指示するだけではメンバーが混乱してしまいがちです。だからマネジャーは、自分の判断の「基準《ルール》」を前もって相手に伝えたほうがいいと思います。

僕の場合、**メンバーに求める基準は、マネジャーと打ち合わせをするときは、それが「次のアクションに向かう土台」にならなければいけない**というものです。

たとえば、マネジャーとメンバーが、メンバーのつくったドラフトについて打ち合わせをするとき——。

「ドラフトをつくったので見てください」とメンバーが持ってきた。見ると、ドラフトのドラフトのドラフトというような、つたない代物。それではどんな反応をすればいいか、僕にはわからないわけです。

「これじゃあ、何も決定できません。僕の時間を使うんだったら、AとBとCをつくったんですけど、どれがいいですかとか、これをみんなに見てもらってオーケーが出たので確認してくださいとか、ドラフトが次の段階に進むような形にしてから見せてください」といった指示を出して、ドラフトを突き返すことでしょう。

打ち合わせをして僕から何を得たいのか。意見をもらいたいのか、決定をもらいたいのか、予算をもらいたいのか――。マネジャーとの打ち合わせは、そうした次のアクションにつながらなければ意味がないわけです。

つたないドラフトを持ってきて、「ここ直して」「わかりました」。２回目持ってきて「じゃあ、ここも直して」「わかりました」。３回目持ってきて、ようやく「はい、よくできました」「ありがとうございます」「じゃあ、次に進みましょう」。これではチームの生産性が上がるはずがありません。残念ながら日本の大企業では、こうしたやり取りがありがちではないでしょうか。

グーグルでは、提案を管理職に持っていっても「デタラメだ、直せ」などという指示はなく、「ああ、そう」と受け取って終わりです。そして、もう時間が取れなくて、次の打ち合わせもなしというパターンがありがちでした。なにしろ上司も忙しいですからね。つまり、「もっと頑張って、魅力的な提案になったら声をかけてください」という進め方。自分の上司である管理職の時間を使うなら、「上司の興味を引くような提案」を持っていかないとお互いに時間の無駄になってしまうということが、グーグルでは当たり前になっているわけです。

「一瞬一瞬の学び」を続けるには「アンラーン」が必要

ここまで説明してきた「一瞬一瞬の学び」と似た考え方で、「ラーニング・アジリティ（Learning agility）」という言葉をよく耳にします。「学習機敏性」などと訳されることが多いようですが、僕は「**成長思考**」が近いかなと思っています。思考といっても、その中に行動という意味合いが含まれていて、チームづくりにおいてもとても大事な考え方です。

いま何が起きているのか、なぜそれが起きているのか、どういうふうにそれをもっとよい方向に持っていくのかといったことを走りながら考える――。そのスキルがマネジャーにもメンバーにも求められているのです。

第3章でもお話ししたとおり、ビジネス環境の変化はどんどん速くなってきていて、しかも複雑さを増しています。いわばだれにも「正しい答え」がわからない世界に突入しているわけです。

しかもデジタル化のおかげで、テクノロジーのコストが下がってきて、だれでもなんでも個人ベースでできるような「民主化」がどんどん進んでいます。シェアリングエコノミーに象徴されるような「お金を取られないビジネス」も多くなってきています。

ネットに膨大な情報があるのでだれでも学べるから、だれでも起業できる。要するに、個人が大企業の競合になって、大企業のほうが負ける可能性が高まっているわけです。

そのような世界では、**何を学ぶかというだけではなくて、どういうふうに学ぶかということが大事になってきます。**だから走りながら学んで考えていく、考えながら学んで走っていくというラーニング・アジリティが大事になってきているのです。

ラーニング・アジリティには「学習し続ける」、成長思考が大事になってきているのです。

たとえば、プログラミングを学んだ、終わりということではなくて、毎日学び続けることが大事。とくにプログラミングは日進月歩なので、学び続ける姿勢が不可欠でしょう。

ただ気をつけたいのは、学び続けるためには**「アンラーン」（Unlearn、学びほぐす＝時代遅れのやり方を忘れる）**が必要ということです。いまの自分の思考パターンが古いと気づいたら、速やかになくしていって、違う考え方を身につけて違う行動パターンを試していく――。これがまさにラーニング・アジリティであり、僕の言う**「一瞬一瞬の学び」**ですね。

行動前、行動中、行動後。「振り返り」は3回行う

ラーニング・アジリティでは「振り返り」も大事です。アメリカの軍隊では「**Reflection before action, Reflection in action, Reflection after action**」とよく言われるそうです。リフレクション（Reflection）というのは「熟考・反省」、つまり振り返りですね。「**行動する前に振り返れ、行動中に振り返れ、行動した後に振り返れ**」というわけです。

たとえば人と会う前に、こういうふうに接してこういう結果を出そうとしっかり考えておけば、建設的にその人と会うことができます。

そして話しながら、いま起きていることをポジティブな方向に持っていくように会話を続ける。いわばテストの連続です。こういう質問をすれば相手が喜ぶ、こういう説明なら相手がわかりやすいなどと、一瞬一瞬、振り返りながら会話を続けるのです。

さらに面談が終わったあとに、こういう接し方でこういう結果が出て、次にもっとよい

結果を出すためにはどういうふうに接したらいいかなどを振り返るわけです。

僕は、チームミーティングが始まる前に改めてアジェンダに目を通して、なぜそれが大切か、どういうふうに進めていくか、今日の打ち合わせで何を得たいのかといったことを数分間、まず振り返ります。

チームの場合には、「プレミーティング」が「Reflection before action」に当たります。

そして**ミーティングが始まったら、「Reflection in action」**。メンバーの会話の内容だけでなく、メンバーの体調も考慮しながら打ち合わせを進めます。たとえば、「頭が痛くて、あんまり頭が回らないんです」というメンバーがいたら、今日は挑発しないようにしようとか、ゆっくり穏やかに話そうなどと臨機応変に判断するわけです。体調の良し悪しで結果が変わってくることもありますからね。

いまこの瞬間に集中し、メンバー一人ひとりに何が起きているか振り返りながらチームミーティングを進める——。よりよく対話するためにはとても大事なことだと思います。

チームをよくするためには欠かせない「反省」

先の章で、メルカリの反省会の様子を紹介しました。問題があったら包み隠さずに報告して、人のせいにしないで、「じゃあ、同じ問題が起きないように、どんな仕組み、どんなからくりが必要か」ということをメンバーみんなで話し合う。つまり「**Reflection after action」の振り返り**です。

反省というとネガティブなイメージもありますが、当然ながらチームをよくするためには必須のことでしょう。

僕の会社ではスタッフと1カ月に1回、チームのミッションや仕事の内容、チームのプロセスについて、一日かけて振り返りを行っています。「最近どうですか？」という話から始めて、「どんな改善ができますか？」などとじっくり話し合う——。

いまやろうとしていることを、もう一歩深く考えて、それが本当に大切なのか、大切でなければどういうふうになくしていくか、いかにインパクトの強い、学びの高い仕事により多くの時間をかけていくか、いま無駄な作業をしていないかといったことを、メンバーみんなで振り返っていくわけです。

もちろん、僕に対する「依頼」もどんどん出してもらいます。たとえばボトルネックがあれば、僕にどんな支援をしてほしいのか、具体的に話し合いますね。

チームで考えた「働きやすくなること」をどんどん実行する

エンプロイー・エクスペリエンス（従業員の体験）という人事の考え方も流行ってきているようです。簡単に言うと、従業員が入社から引退するまで、どういうことを会社の中で体験しているのか、そのプロセスを全般的に見て、いかに大事な瞬間、最適な経験をつくっていくかという考え方――。

トップダウンの人事とは真逆ですね。トップダウンというのは、コンプライアンス・ルールをつくって、それに従えという人事のやり方です。会社に対してこういうことをやってくれと従業員に命令します。

そうではなくて、**エンプロイー・エクスペリエンスはその従業員が会社の中でどんな体験をしているのかに注目する。**たとえば新入社員の場合、配属先でマネジャーがみんなに紹介してくれるかどうかとか、デスクがきれいかどうかとか、新人歓迎会があるかどうかといったことで、新入社員の体験の質や量というものが違ってくるわけです。

会社が従業員一人ひとりに、どんな環境、どんな働き方、どんな福利厚生を提供すれば、個人個人の一瞬一瞬の体験がよくなるのか。会社に来て楽しい、働きやすいと従業員に思ってもらえるような職場をいかにつくっていくかということが大事です。

もちろん、チームレベルでもエンプロイー・エクスペリエンスを提供できます。

マネジャーが毎日、メンバーと一緒に働いている中で、何をすれば働きやすくなるのかをチームで考えて、どんどん実行していけば、どんな日常業務でもきっと楽しくなるはずなのです。

たとえば、図表6（121ページ）で紹介したような「理念」を全員参加でつくるといいですね。もし、すでにあるのであれば、定期的に見直して、各自が自分の「言葉」と思えるように、洗練させていくことが大切です。

図表8は図表6の理念をさらに洗練させたものです。頭文字の「P・I・O」は僕の名前「ピョートル（Piotr）」にちなんでいます。つまり、僕たちプロノイア・グループのメンバーは「**遊ぶように働く（Play work）**」「**前例をつくる（Implement first）**」「**予期せぬことを提供する（Offer unexpected）**」という体験を会社の中で実現したいと考えている

●図表8　プロノイア・グループが目指す「P･I･O」

Play work（遊ぶようにはたらく）

一、冗談なしに真面目な話はしない。
一、ありがとうとごめんねをこまめに言う。
一、意見の対立はチャーミングに、積極的に。

Implement first（前例をつくる）

一、自分達が実践しないことは提案しない。
一、自分の KPI は自分で決める。
一、新しい失敗大歓迎。

Offer unexpected（予期せぬことを提供する）

一、相手よりも3歩先読みして提案する
一、相手を混乱させて新しい発想を生む。
一、ポリシーを持って断り、代案を示す。

ということがわかります。

仕事には、どうしてもきついとか、つらいとか、いわば暗い部分があります。いかにそれをなくしていくのかということが、マネジャーの大事な役割と言えるでしょう。

それは当然ながら、ラーニング・アジリティと結びついています。**メンバーが走りながら学ぶときに、どんな体験をしているのかということが「集合知」を高めるうえでも大事になってくる**わけです。

小さなことの積み重ねが「楽しい」につながる

何も難しい話ではありません。僕の例で言えば、グーグルにいたときに僕のチームで働いていて、いまアメリカで会社を経営している元メンバーから、最近、グーグル時代のハロウィンの写真が送られてきました。オフィスにオレンジの木を飾って、チームみんなで仮装して撮った1枚のスナップ――。

「楽しかった、いい思い出、懐かしい」というわけですね。そういう体験を従業員にたくさんさせることがエンプロイー・エクスペリエンスなのです。

たとえば、マネジャーがメンバーの誕生日には必ずケーキを買っていくとか、出張に行ったら必ずお土産を買って帰るとか、そんな小さなことの積み重ねもエンプロイー・エクスペリエンスと言えるでしょう。

「会社が楽しい」というのは、つまり、メンバーが仕事やチームにシンパシー（共感）を感じるということ。そのために**マネジャーに求められるのは、いわば気配り**なのです。

共感を高めるためには「先読み」が必要です。こんな反応をしたらこういうふうに感じるだろうとか、こんなふうに言われたらこう思うだろうといったことを、相手の立場になって先を読んで考える――。これが気配りですね。

そのときに意識したいのは、決して悪い体験をさせないこと。望ましくない体験にならないような話し方、接し方が大事だと思います。

つまりチームづくりにおいては、メンバー一人ひとりに対して、この人はこういうふうに言えば自己開示しやすくなる、この人はこういうふうに話せばアイデアを出しやすくなるといった具合に、常に個別に気を配っていく必要があるのです。

チームメンバーの体験を「旅」のように考える

ちなみに、エンプロイー・エクスペリエンスというのはマーケティングからきた考え方とも言われています。

マーケティング理論には「カスタマー・ジャーニー」という言葉があって、顧客がどのような接点、プロセスで商品やブランドの認知や購入に至るのかを、あたかも旅のように考えるわけです。

お客さんは、その会社とどういうふうに接して、売っているモノ・コトのどんなところに必要性を感じて、どうやって調べて、どの店・サイトに行って、どういうふうに買って、そして、どういうふうに使って、どこに捨てるのか――。

必要性を感じて購入して捨てるまでのプロセスの中に、どんな接点があればお客さんが最適な体験をすることになるかを考えるのが、いわゆるカスタマー・ジャーニー理論です。

採用から就労、退職までのプロセスの中で、大事な瞬間・最適な経験を従業員に提供するエンプロイー・エクスペリエンスの考え方と、とてもよく似ていますね。

第5章

「最少の人数」で「最大の成果」を生み出す方法

チームメンバーの「個性」に応じて接し方を変える

前の章の終わりに、「マネジャーはメンバーの一人ひとりに対して、常に個別に気を配っていく必要がある」と述べました。僕の場合、相手によって接し方を完全に変えています。**よい人間関係を築くためには、内容を含めて、その人が信頼してくれるような話し方や接し方をしなければいけない**と考えているからです。

たとえば、いつもエネルギーがあり余っていて、すごい勢いで「自己中」な自慢話をするようなメンバー。そういう人に対して静かに受け答えしていると、自分に関心がないと感じやすいので、こちらもテンションを高くして、元気よく接するようにしています。「へぇ～、すごいね！」「ありがとう！」などと、とにかく褒めているだけでも、よい人間関係が築けると思います。

反対に、わりとテンションが低くて、「キャーキャー」と言われるのがあまり好きではないという静かなタイプには、同じような静かな話し方がよいわけです。間をおいて、ゆっくり考える時間をつくってあげるようにすれば、よりよい会話ができて、よい人間関係が築けるでしょう。

もちろん、メンバーに対して果たすべきマネジャーの役割を変えることはありません。この人にはフィードバックするけれども、この人にはフィードバックしないとか、この人にはチャンスを与えるけれども、この人にはチャンスを与えないといった、職務上の不公平があってはならない――。たとえば、人事評価のときに同じ基準で評価しないといけないのは当たり前ですね。

要するに、**よい人間関係を築くために話し方や接し方は変えるけれども、マネジャーとメンバーとの「職務上の関係性」は、常に公平でなければメンバーの信頼は得られない**ということなのです。

ワン・オン・ワンの進め方も「個性」によって変える

第2章で、メンバーとの個人面談のワン・オン・ワンは「マネジャーの時間ではなく、メンバーの時間」と述べて、プライベートな悩みを相談するグーグル時代の女性メンバーの例を紹介しました。

ワン・オン・ワンの進め方もメンバーの「個性」によって変えていくことが大事ですね。グーグル時代には、毎週金曜の午後3時半から1時間ほど、六本木ヒルズのバーでワインを飲みながら僕とのワン・オン・ワンをやっていた女性メンバーもいました。

もちろん、「ワインを飲みながらイノベーション会議をやりましょう」というのは彼女のアイデア。彼女は新しいことをやるのが好きなタイプで、僕は「いいね！」とその提案に乗っただけです。

グーグルでは毎週金曜、午後5時から「TGIF」（Thanks Google, It's Fridayの略で、もとはThanks God, It's Friday〈ありがとう神様、今日は金曜日だ〉という、飲み物や食べ物も出る全体ミーティングが行われていました。ほとんどの社員が参加するので、それを少し前倒ししたと思えば、3時半からワインを1、2杯飲んでも問題ありません。

バーでのワン・オン・ワンはとても有益でした。彼女がいろんな話題を持ってきて、それについてブレストして、結果的にさまざまなプロジェクトにつながったのです。

要は、ワン・オン・ワンにしても普段の話し方や接し方にしても、**メンバーそれぞれが何を望んでいるのかをマネジャーがうまくつかめば、個々のモチベーションも高くなるし、チームの生産性も上がる**ということです。

メンバーの望みをつかむためにワン・オン・ワンは欠かせない

メンバーの望みをつかむうえで、やはりワン・オン・ワンはとても大事になってきます。1週間に1時間、会話のタネはいくらでもあるはずです。仕事の進捗状況とか会社の人間関係とか、仕事以外で困っていることもあるでしょう。

けれども、日本の大企業のマネジャーはよくこう言います。

「ワン・オン・ワンが大事なのはわかりますが、何を話せばいいかわからないんです」

彼らに好奇心はないのでしょうか、人に興味がないのでしょうか。僕には不思議でなりません。

メンバーたちは、それぞれたくさんのことを経験して「いま、ここ」にいます。信念や価値観も人それぞれです。毎日会っていても話が尽きることはなくて、いくらでも会話できるはずなのです。

その人の深いところまでたどり着くような会話を重ねると、すごく喜んで人生のストーリーを話してくれるようになります。それがあるからこそ、いまの「望み」があるわけですね。そういう深い会話ができないマネジャーは失格だと思います。

わかりやすく言えば、人の気持ちがわからないマネジャーにメンバーは動かせないということです。

相手の「能力」と「意欲」に応じて接し方を変える

また、メンバーの「能力（Skill）」と「意欲（Will）」に応じて、接し方を変えることで、チームの生産性を上げることができます。

これは「**シチュエーショナル・リーダーシップ**」として知られたフレームワークです。図表9を見てください。相手の能力と意欲の組み合わせで4パターンに分類できます。

・**委任する**……能力も、意欲も、高いケース。定期的に褒めたり、同意したりするだけでなく、クオリティ指標を示すことで、共にリスクを管理する

・**励ます**……能力が高く、意欲が低いケース。タスクの重要性や感謝を伝えることで、モチベーションを引き出す

●図表9　シチュエーショナル・リーダーシップ

		意欲(Will) 低	意欲(Will) 高
能力(Skill)	高	「励ます」 ・タスクの重要性を伝える ・感謝を伝える ・モチベーションを引き出す	「委任する」 ・定期的に褒める / 同意する ・クオリティ指標を示す ・リスクを共に管理する
能力(Skill)	低	「指揮する」 ・ゴール、プロセス、その理由を明確に説明する ・タスクを成長機会とする ・理解度を小まめにチェック	「手を取る」 ・タスクを成長機会とする ・基本と期待を明確に示す ・小まめにフォローする ・コーチングをする

・**手を取る**……能力が低く、意欲が高いケース。基本と期待を明確に示し、小まめにフォローしたり、コーチングしたりすることで、成長を促す

・**指揮する**……能力も、意欲も、低いケース。ゴール、プロセス、その理由を明確に説明し、理解度を小まめにチェックすることで、タスクを成長機会へと変える

すべての相手に共通するコミュニケーションの原則

ただし、相手がどんなタイプの人であったとしても、マネジャーとして常に心がけてほしいコミュニケーションの原則というものも存在しています。

原則は3つ。**「優しさ」「厳しさ」「チャーミングさ」**です。

まず「優しさ」というのは、英語の「Kind」です。つまり「親切さ」とも言えます。ただ「よかった、よかった」と表面的に褒めあげるのも「優しさ」ですが、それだけでは「親切」とは言えません。何がよかったのかをきちんとフィードバックしてあげることが、本当の意味での「優しさ」です。

次の「厳しさ」は、仕事として成果を出さなくてはならない以上は、ときに役割としての「厳しさ」も必要となってくるという意味です。たとえば、チーム・メンバーのパフォーマンスが落ちてきているときなどに、きちんと成果を上げられるように「期日までに○○ができていない」などといった厳しい指摘も辞さないのが、マネジャーの役割です。いざというときに、そのような指摘ができるようにしておくためにも、「心理的安全性」が大切であるとも言えます。

最後の「チャーミングさ」がもっとも難しく感じられるかもしれません。要は「人間として魅力的であるかどうか」という問題なのですが、第2章の「『自分の弱み』を積極的に開示できるマネジャーは強い」でお話ししたように、失敗を素直に認めるような姿勢が大切と言えます。人はだれしもときに失敗をするという前提に立っていれば、おのずから行動がチャーミングになっていくのではないでしょうか。

1人のマネジャーに対し、チームメンバーは7人以内

チームの各メンバーとワン・オン・ワンでたっぷり会話を交わせる人数というのは、時間的な制約があるのでおのずと決まってきます。

グーグルの考え方では、１人のマネジャーが十分に面倒を見られるメンバーの数は７人以内。頑張っても10人以内とされていました。ちなみに、リクルートでは、理想は１人のマネジャーにチームメンバー６人以内といわれているそうです。

ただ、いずれにしても日本の会社でありがちな１人のメンバーの下にアシスタント的に１人をつけるという考え方ではないのです。２人が同じ仕事をしていたら、当然ながら生産性は向上しませんね。

マネジャーの下に３人のサブマネジャーをつけて、各サブマネジャーがメンバー３人を見るというのであれば、10人以上になっても生産性が上がり、チームマネジメントとして

建設的というのがグーグルの考え方なのです。

7人という数は単純な計算で、各メンバー1時間のワン・オン・ワン、全員分を一日ですまそうとすると丸一日つぶれるわけです。それ以上人数が増えると、マネジャー自身がビジョンを考えて自分の仕事を実行できなくなるか、各ワン・オン・ワンの時間を1時間以下にするかしないといけない——。

それでは、マネジャーがメンバーの面倒を十分に見られなくなります。

ちなみに、グーグルでは毎週のワン・オン・ワンなら50分というのが基本で、10分は移動などの時間と捉えていました。また、会議などの時間設定は、30分刻みが基本。うち25分が実質的な会議などの時間で、残り5分が移動などの時間という発想です。

タイプの異なる3人のチームメンバーを組み合わせる

「**ディズニー・ストラテジー**」という有名な「戦略」があります。ウォルト・ディズニーは映画を制作するとき、アイデアから実現に至るプロセスの中で相談するメンバーを必要に応じて変えていたといいます。

一番初めは**ドリーマー（夢想家）**たちとのブレスト。我々は何をするべきか、なんの制限も考えずにアイデアを出し合う。「まず大きい話、夢の話をしよう」ということです。

アイデアが固まったら、次は**リアリスト（現実主義者）**たちと話し合う。いかにそれを実現するか。いまどんなことができるか。実現可能な事柄をあげて、「こういう動きでやってみよう」と具体的なプランをつくります。

そして最後に、**クリティック（批評家）**たちに「こういうプランをつくったんだけど、どうかな？」と相談する。どんなリスクがあるのか。どんなネガティブな影響があって、どこから抵抗がありそうなのか。ネガティブな要素を建設的に洗い出すことで、まずはこれ、次はこれと、本当にアイデアを実現させるためのプロセスが完成するのです。

要するに、**チームミーティングでは話し合うテーマによって、ドリーマー的な人が活躍するときもあれば、リアリスト的な人やクリティック的な人が貢献するときもある**わけです。

メンバーのマインドセットの多様性が、チームの集合知を高めてくれる

僕のチームも少人数とはいえ、**ドリーマー、リアリスト、クリティックのバランスを意識した構成**になっています。

たとえば、グーグル流に「ＯＫＲ」（２２３ページで詳述）の共有システムを導入しようとチームミーティングを行ったときのこと。グーグルでは、社員みんながそれぞれのＯＫＲを登録していて、その進捗状態をトラッキング（追跡、追尾）できるシステムになっています。

それを提案した僕は、いわばドリーマーですね。一方、アシスタントの女性はクリティック。いつも「そもそも間違っているんじゃない？」「面倒くさいね」などと、いい意味

で慎重な指摘をしてくれます。

もう一人の若い女性スタッフはリアリスト。なので、僕は彼女に確かめるわけです。「どう思いますか？　面倒くさいですか？」「ああ、いいと思います。みんなでまず使ってみて面倒くさければ違うシステムにすればいいんじゃないですか？」というような、現実的な答えが返ってくるわけです。

そうすると、否定的だったアシスタントの女性も「じゃあ、試してみようか」となって、「ただ、こういうところが心配」といった単なる批評にとどまらない、アイデアの実現に向けた建設的な意見を言ってくれるようになるのです。

こうしたメンバーのマインドセットの多様性も、チームの集合知を高めるためには大事だと思いますね。

異なる個性を組み合わせるにはルールが必要

加えて、**建設的な議論のためには、マネジャーによるファシリテーションが非常に大事になってきます。**状況に応じて、メンバーそれぞれの個性を建設的に使えるかどうか。それは、ファシリテーターであるマネジャーの力量次第と言えます。

たとえば、よくありがちなのは、アイデア出しのブレストであるにもかかわらず、「これ、うまくいかないんじゃないの？」などと、クリティック的なメンバーが批判し始めるというパターン――。

なぜ、求められていないない行動を取る人が出てくるのか。それはマネジャーがファシリテーションしていないからですね。「アイデアを出す時間ですよ」ということをしっかり前置きすれば、こうした非生産的な批判は出てこないはずなのです。

「いまから、みんなでアイデアを出し合って、一番いいアイデアを選びましょう。だから批判するんじゃなくて、とにかくいろんなアイデアを出してください」などと、初めにその場の「ルール」を明確に伝えておく。そうすれば「ああ、そうか、いまは批判する時間じゃなくて、アイデア出しの時間なんだな」とメンバー全員が共通の認識を持つわけです。

それでも、そもそも論的な批判が出てきたらどうするのか。感情的になって制止してしまったら逆効果でしょう。

「わかりました。賛成できないんだったら、あとで時間をつくるのでそのときに話してください。だから、いまはポジティブなアイデアを考えてみてください」

こんなふうに、穏やかな口調でお願いすればよいのです。そして日を改めて、そもそも論的なテーマについて話すチームミーティングの機会をつくって、約束を果たすこと。マネジャーがメンバーに信頼されるためには、こうしたフォローも大事ですね。

チームの日常業務もする「プレイング・マネジャー」になってはいけない

自分のチームでマネジャーとしての役割を果たすことは当然として、マネジャー自身も、上のマネジメントチームでメンバーとして果たすべき役割があります。そのレベルでの仕事こそがマネジャー自身の仕事と言えるわけです。

よく日本では「プレイング・マネジャー」という言い方をしますね。**グーグルでもほとんどのマネジャーはプレイング・マネジャーなのですが、日本のそれとは意味合いが違います。**日本の会社のように自分のチームの日常の業務をやるというのは、ほとんどありません。

グーグルでは、たとえば5人の部下がいるマネジャーの同僚というのは、隣のチームの5人の部下がいるマネジャーです。つまり、同じファンクション（役割、職務）で違うロケーション（場所）のマネジャー。そのマネジャー5人がメンバーになって、一つのチームとして動いていくわけです。

そうした構造はトップまで同じです。要するに、**個人主義に徹しているように見えるグーグルでも「一匹オオカミ」はありえません。**一匹オオカミ的に働く人の評価は極めて低いのです。

つまり、同じレベルのマネジャー同士が仲よくして、チームとしてのコンセンサス（合意）を取って、一緒にアウトプットを生み出すわけです。当然ながら、マネジャー自身のOKRや「20％ルール」（グーグルでは、自分の仕事以外のプロジェクトにも契約時間の20％以内なら自由に参加することができます）などもこのレベルで行います。

ちなみに、マネジャー自身の心理的安全性は、その上のチームマネジャーによって醸成されるのです。

グーグル流「プレイング・マネジャー」とは

僕は日本式のプレイング・マネジャーについて、かなり問題だと感じています。

日本でプレイング・マネジャーと呼ばれているのは、「自分もチームのメンバーと同じ業務をやりながらチーム全体の面倒も見ているビジネスパーソン」のことでしょう。

また、そういう働き方をしているチームマネジャーがほとんどなので、マネジャーの仕事とはそういうもので、「とにかく忙しいのがプレイング・マネジャー」というイメージが強いと思います。

グーグルのチームマネジャーも、もちろんプレイング・マネジャーです。そして日本の会社のマネジャーに負けないくらい忙しい。ただ**決定的に違うのは、「チームのメンバーと同じ業務はしていない」**という点です。繰り返しになりますが、プレイングするのは、あくまでも係長なら係長レベル、課長なら課長レベルのチーム内において、なのです。

そのマネジャーチームのために議事録を取ったり、企画書をつくったりといった業務をやりますが、自分のチームに関しては、まさにこの本で説明している「マネジメント」に徹しているわけです。

問題は、同じように忙しいならどちらの働き方のほうがより生産性を向上させるのか、ビジネスパーソンのスキルやキャリアを高めるのか、ということでしょう。

その意味で僕は、自分も隣の部下と同じような日常業務をこなしているような日本のプレイング・マネジャーの働き方は、大きく間違っていると思うのです。

「ポートフォリオ・マネジャー」になろう

日本式のプレイング・マネジャーの最大の問題点は、そうした形態や意識では、いまと同じような仕事の進め方しかできず、ほとんど生産性を上げることが期待できないということです。

どんなチームのミッションでも、突き詰めると「どんな価値を生み出すか」ということになりますね。そして繰り返し述べているように、その価値をいかに短時間で、いかに安く、いかに大きくアウトプットするかということを考えるのがマネジャーの大事な役割です。

先の章で、「これからのマネジャーは、社内・社外のあらゆるリソースを活用してポートフォリオ（最適な組み合わせ）をつくることが求められている」と述べました。

つまり、**全部のプロセスを考え直して、大胆に業務を委託したりテクノロジーを使ったりできる「ポートフォリオ・マネジャー」でなければ、生産性を大きく向上させることはできない**のです。

「この仕事には、やっぱり部下が5人いないとダメですね」などと思考停止になっているのが日本式のプレイング・マネジャーでしょう。

そうではなくて、「コンサルを入れましょう」とか「派遣社員を入れましょう」とか「クラウドソーシングでやってみましょう」というふうに、人材やテクノロジー、プロセスをいかに最適化するかを常に考え続ける――。それがポートフォリオ・マネジャーなのです。

日本式のプレイング・マネジャーにありがちなのは、「メンバー5人のチームだったら5人を使わないといけない」と思い込んでいることです。

けれどもよく見れば、なんの価値も生み出していない人がいて、その人にとってもこのチームにいる時間に意味がない。となると別のチームに異動してもらって、そこで貢献してもらうほうがいいわけですね。また、テクノロジーを取り入れるなどして、プロセスを改善したなら、5人ではなく3人でできる仕事なのかもしれません。

チームを小さくすることでコストが下がるし、会社全体としても、メンバーの異動によってより有効に人材を活用することができるのですから、生産性の向上につながるわけです。

また、業務委託やテクノロジーの導入によって、時間に余裕ができたメンバーはより価値の高い仕事に注力できるようになるはずですね。

部下を育てるからこそ、別の仕事に挑める

　僕はグーグルでアジア・パシフィックの人材育成を統括していたので、その地域の代表としてグローバルチームに入っていました。僕の同僚はヨーロッパとアメリカの人材育成の統括者たちです。つまり僕は、グローバルチームの人材育成のトップがマネジャーを務めるチームのメンバーの一人としてプレイするプレイング・マネジャーだったわけです。

　たとえば、僕が自分の仕事として頑張っていたのは全世界の人材育成の戦略をつくることでした。アジアのトップとして自分の部下とディスカッションしてアジアの戦略をつくり、ヨーロッパのトップとアメリカのトップと３人で擦り合わせて世界戦略をつくる。ほかにも人材配置や給料・ボーナスの分け方など、自分の部下には任せられない仕事がたくさんあったわけです。

　ただ裏返して言うと、アジア・パシフィックの中では部下に任せられる仕事はどんどん任せていたということなのです。そうしないと、本来やるべきグローバルチームでの仕事ができなくなって、生産性を高めることができないから。また、仕事を任された部下のスキルやキャリアは当然ながら向上していくわけです。

ひるがえって日本のプレイング・マネジャーはどうでしょうか。**自分の部下と同じレベルで業務をこなしている限り、会社全体の生産性を向上させることはできないし、優秀な部下、つまり「次のマネジャー」も育たない**のではないでしょうか。

チームメンバーをアシスタントのように使ってはいけない

「ビジネスチームはスポーツチーム」と何度か述べました。その比喩を使えば、日本式のプレイング・マネジャーは、サッカーの試合中に監督が選手と一緒に走ってボールを蹴っているようなものなのです。本来的にはそれはありえない――。

監督の仕事は、試合のときにはピッチの外から見て、「こうしよう、ああしよう」と指示することです。練習のときには選手がもっとかっこよくボールを蹴れるようにサポートする。チームが勝てるように戦術や選手同士のいい関係性をつくっていく。当たり前のことですが、選手と監督では仕事の内容がまったく違いますね。

要するに、**チームのマネジャーというのは現場の仕事をする役割の人ではない**のです。ところが日本の会社では、チームのメンバーをアシスタントのように使って、マネジャーが現場の仕事をやり続けています。

固定化されたチームは弱い

グーグルでは、20％ルールで参加した試験的なプロジェクトが成功して正規のプロジェクトになると、「じゃあ、１００％で入ってくれない？」と他のチームからスカウトされたり、新しいチームができたりすることがよくあります。

要は、**アイデアやミッション次第でメンバーが増えたり、入れ替わったり、新しくできたりするのがチーム**というものなのです。

裏返せば、固定化されたチームは弱いということ。強いチームにはメンバーだけでなく、20％ルールの参加者のようなサポーターが集まってきます。

たとえば、プロノイア・グループは社員だけのチームではなく、社外の副業的なかかわり方をしている人たちがサポートしてくれています。その中の一人はこんなふうに自分から申し出てくれました。

「ピョーさんと一緒に働くことは自分のブランド力を高めることだから、タダでもいい。ただし、名刺と週何時間働くという契約書をつくってほしい」

つまり、僕と働きたいから仕事をつくってくれというわけです。こういうサポーターは黙っていてもチームのために頑張ってくれるでしょう。

僕の会社にはいませんが、チームに対して「このチームで自分が何をすればいいのかわからない」とか「チームなんかどうでもいい。一人で仕事をしていればいい」などと考えているパフォーマンスの低い人もいますね。チームに貢献したいと思っているサポーターの存在は、そんな既存のメンバーにもよい刺激になると思います。

マネジャーの役割はチーム全体のクオリティを高めることです。チームを固定化したとたん、クオリティが下がることはあっても、上がることはないと考えるべきではないでしょうか。

チームの固定化はブランディング面でもマイナス

このチームで働きたいと思うのは、そのチームのクオリティが高いからです。強いブランド力のおかげと言ってもいいでしょう。個人や会社に限らず、チームにとってもブランディングはとても大事ですね。

チームの固定化はブランディングという面から言ってもマイナスだと思います。

たとえば、「うちのチーム、めちゃくちゃ雰囲気が悪い」と思っていても他のチームに移れないと、そのメンバーは誇りが持てなくなって仕事をサボるようになるでしょう。そして、結局は会社を辞めていく。チームの雰囲気はますます悪くなってブランド力も低くなって、欠員を補充しようとしてもだれもチームに行きたがらない――。

つまり固定化によって、チームのブランディングが妨げられてしまうわけです。別のチームに移ることができるという仕組みさえあれば、そうした悪循環は起こらないはずです。

「カルチャー・フィット」よりも「カルチャー・アド」

僕は、これまでの「カルチャー・フィット（Culture fit）」――うちの会社はこういう会社だから、こういう人しか雇わないという採用の仕方――はもうやめたほうがいいと思っています。これも固定化ですね。

そうではなくて、境界線をなくした「カルチャー・アド（Culture add）」――何か新しい文化を会社に加えてくれる人材を募る採用の仕方――にする。会社をいわばコミュニティと考えて、いろんな人たちにいろんな理由でいろんなことのために入ってもらえばいいと思うのです。

ビジネス環境の変化のスピードが速いこの時代に適した強い会社の在り方とは、そういう柔軟なものではないでしょうか。

チームのクラウドソーシングがますます大事に

僕の会社では、たとえば、サポーターの一人にはブランディングを手伝ってもらうことにしています。膨大な給料を出さなくても、サポーターそれぞれのリソースを使って短時間でアウトプットを出してもらえれば、かなり面白いことができるはずです。

日本の「クラウドワークス」やアメリカの「アップワーク」といったクラウドソーシング仲介サービスの利用が当たり前になってきています。また、プロノイア・グループをサポートしてくれている人たちのように、「副業」に積極的なスキルの高い人材も増えてきています。

つまり、いまはビジネスを進めるうえで、いわばチームのクラウドソーシングがますます大事になっているということでしょう。

チームをクラウドソーシングできるのですから、マネジャーとしてこういう問題を解決したい、こういう商品を出したいと考えるとき、固定化されたチームを前提にするのではなくて、メンバー以外のサポーターを集めて「ポートフォリオ」をつくったほうがよいのではないでしょうか。そうすることで、チームのブランド力は確実に高まると思います。

ちなみに、僕が経営に関与しているモティファイはまだ小さなスタートアップなのに、スタッフが世界中に散らばっていて、東京のほかブラジル、ベトナム、三重県にも住んでいます。国籍も多様で、ブラジル人、ポーランド人、ベトナム人、そして日本人です。

前例をつくって、自分が手本になっていく

クラウドソーシングをやったことがない会社も、まだたくさんあると思いますが、この本を読んだみなさんには、ぜひ「前例」になってもらいたいですね。

リーダーシップで大事なのは**「リード・バイ・エグザンプル（Lead by example）」**、前例をつくって自分が手本になっていくという考え方です。まず自分が新たな道に踏み出さなければ、そのあとを追うサポーターは出てきません。

よく使われる比喩で言えば、「ファースト・ペンギンになれ！」ということです。ペンギンの群れでは、先頭の一匹がリスクを取って海に飛び込むと、それを追うようにして次々にペンギンが飛び込みます。リード・バイ・エグザンプルとは、まさにこれなのです。

ただ本当は、ファースト・ペンギンは自ら飛び込むのではなく、後ろから押されて、し

かたなく海に落ちるというだけのことらしいので、後ろから押したセカンド・ペンギンのほうが「真のリーダー」と言えるのかもしれません。

たとえばアップルの創業者の2人、スティーブ・ジョブズとスティーブ・ウォズニアックの関係ですね。起業するときに、尻込みしていたウォズニアックを強引に誘ったのがジョブズでした。結果的にはジョブズがファースト・ペンギンになりましたが、もともと彼はセカンド・ペンギン型のリーダーだったわけです。

ともあれ、マネジャーがファースト・ペンギンになるように常に行動していれば、この人と働きたい、サポートしたいというセカンド・ペンギン、サード・ペンギンたちが、続々と出てくることでしょう。

「ギャング化」するリーダーの特徴

ただ、**注意しなければいけないのは、チームを会社のために動かさず、自分のために動かそうとするファースト・ペンギンもいるということ**です。僕は、そうしたマネジャーが率いるチームを「ギャング」と呼んでいます。

ギャングマネジャーの特徴は、とにかく自慢と文句が多いこと――。たとえば、「うちのチームってすごいよな。隣のチームを見てみろよ、あいつらぜんぜん働かないよな」などと言いつのります。また、ある意味で面倒見がよくて、「みんな、飲みに行こうぜ！」などと徒党を組みたがります。

そして、ギャングマネジャーにありがちなのが、メンバーを引き抜いて起業するパターンですね。外資系ではよくあるケースなので、少なからず見てきましたが、起業して成功したギャングはほとんどいませんでした。確かに仕事はできるのですが、相変わらず自分のために会社を動かそうとするので、どんどん周りから信頼されなくなっていくのです。

とりわけ日本では成功しません。あくまでも自分が軸で、相手が望んでいるかどうかは気にせず、自分重視のコミュニケーションを繰り返すギャングマネジャーは、自分の言いなりになる人だけが周りに寄ってくればいいと考えます。

僕は、**目の前にいる相手を大切する相手重視のコミュニケーション、いわば利他主義が日本人に特徴的な長所**だと思っています。利己主義のギャングマネジャーとは真逆のこうした精神風土も、彼らが日本で成功できない大きな理由ではないでしょうか。

「未来」や「革命」といった言葉がよく似合う組織とは

図表10を見てください。これは組織というものについて、僕なりに下から時系列的に整理してみたものです。いわゆるギャング、盗賊とか海賊といった犯罪集団は、いまだに存在しているとはいえ、もっともプリミティブ（原始的）な組織でしょう。法律が存在しない、あるいは及ばないカオス（混沌）の世界を暴力的な恐怖によって支配する組織ですね。絶対的な権力者が一番上に君臨して、下々を服従させることによって組織が維持され、自己の利益だけを追求します。

少し進歩したカテゴリーには、役所や学校など行政的な組織を配置しました。既存の序列、いわばヒエラルキーによって管理する、ピラミッド型の組織ですね。組織として果たすべき役割は、法律によって固定されていて、競争はなく安定しています。

大手企業もピラミッド型の組織ですが、組織として目標や戦略を決めて、利益やイノベーションを追求します。他社との競合があって、社会的責任も負っています。

さらに進歩した層に入る組織は、たとえばシリコンバレーの会社ですね。共通の目的や価値観、エンゲージメント（愛着心）で維持されています。戦略よりも社風＝文化が大

●図表10　さまざまな組織の特徴

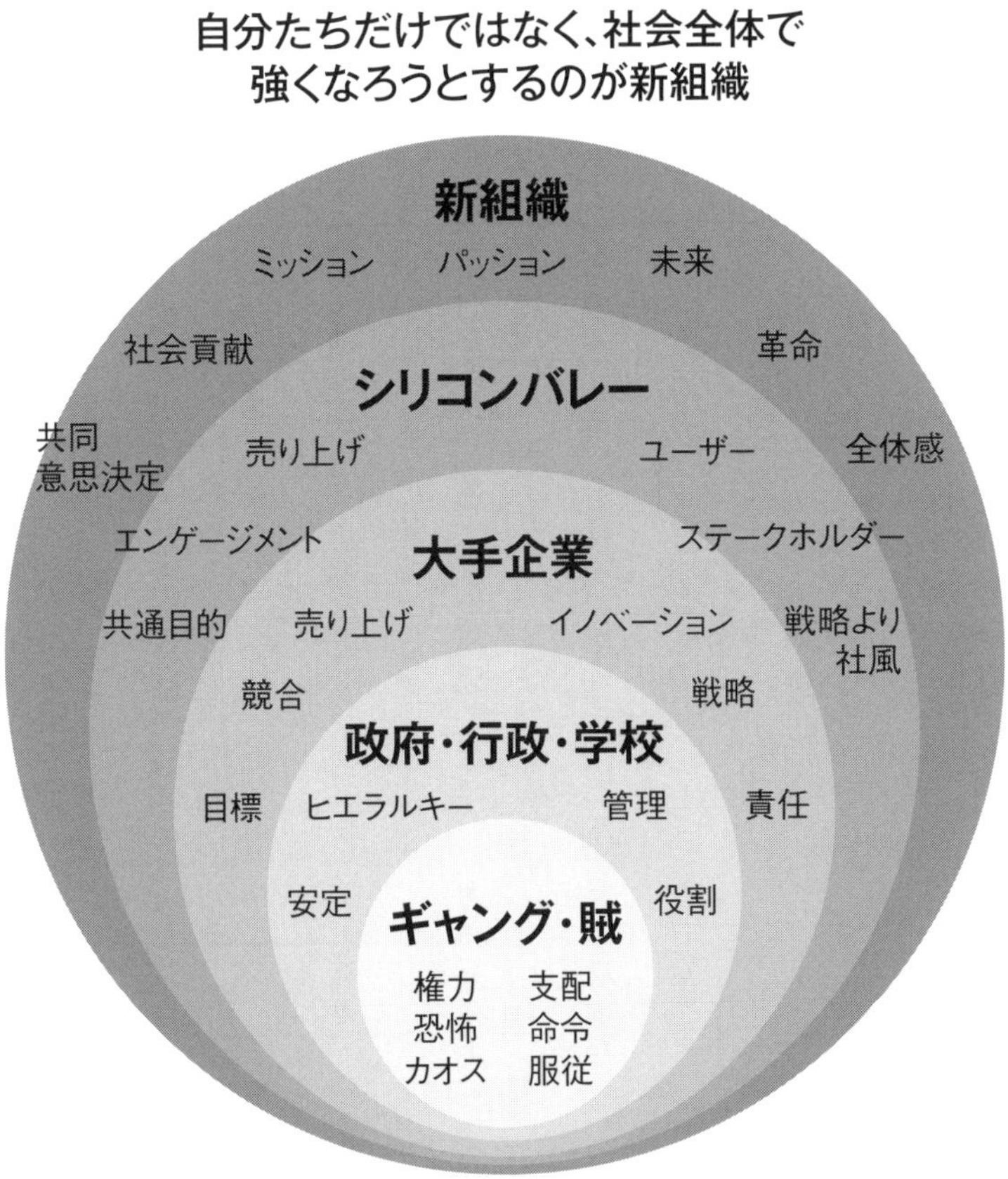

事。ステークホルダー（利害関係者）重視ですが、その中心はユーザーです。

最新のカテゴリーには、グーグルやエアビーアンドビー、メルカリなどが入るでしょう。社会をよくしたいという社会貢献的なミッションやビジョンがあって、「未来」や「革命」といった言葉がよく似合う組織です。新しい何かを生み出したいというパッションを持っている人たちがどんどん集まっています。

デジタル化によって知識の民主化などが進んだ今日のフラットな世界、つまり個人の意見がより重視される世界に適応している組織だと思います。

これからは、最新のカテゴリーに入るような組織でないと、きっと社員もついてこないし、サポーターも増えません。その意味でも、メンバーを支配してチームを自分のために動かすようなギャングマネジャーは、もはや生産性を高めることはできないし、早晩成果も出せなくなっていくことでしょう。

フェイスブックと似た世界を体現する

「個人の意見が重視されるフラットな世界」としてわかりやすいのはフェイスブックだと思います。若いビジネスパーソンの中には、仕事をしているよりもスマホでフェイスブックをやっているほうが面白いという人は多いのではないでしょうか。

なぜ、そんなにフェイスブックが面白いのか。そこがヒエラルキーのないフラットなコミュニティだからでしょう。しかもオープンで、だれが何をやっているのかがいつでも確認できます。自分の興味のあることだけを見ていればいいし、自分が何か発言したいと思えばいつでも発言できる世界です。

図表10の最新のカテゴリー（新組織）に入るような会社は、極めてフェイスブック的という言い方もできると思います。

フェイスブックと似た世界を体現している会社であれば、優秀な人材がどんどん集まっ

てくるし、仕事を面白がって続けてくれるし、だから飛躍的に成長できるはずですね。

前の章で「エンプロイー・エクスペリエンス」が大事だと述べましたが、フェイスブック的なチームであれば、メンバーに魅力的な体験をいろいろと提供できるわけです。

先に少し触れたグーグルの週1回の全体ミーティング「ＴＧＩＦ」は、フェイスブック的なフラットな場とも言えるでしょう。

ＴＧＩＦでは毎週、社長が会社のミッションやビジョンにかかわる大きなメッセージを全社員に向けて発表しますが、だれでも社長に直接質問できる仕組みになっているのです。もちろん、そうしたやり取りを受けて、参加者はお互いに意見交換をして、社内コミュニケーションを深めるわけです。

また僕が勤めていたときには、東京オフィス全社員のメーリングリストがあって、だれでも自由に、なんでも全員に告知することができました。平社員が「○○をやろうとしています、みなさんご協力お願いします」といったメッセージを、上司の許可なしにいきなり送ることができたのです。これなどは、まさにフェイスブック的ですね。

ちなみに、僕が経営に関与しているモティファイでは、フラットなコミュニケーションやコミュニティづくりを支援する社内ＳＮＳを提供しています。

メンバー同士のつながりは「遊び仲間」に似ている

「ビジネスのチームは家族ではなく、スポーツチームに似ている」と何度か述べていますが、メンバー同士のつながりは「遊び仲間」に似ているとも言えるでしょう。

家族には、受け身で要求ばかりしている子どもでも参加が約束されています。自分は何も提供しなくても、叱られるような悪いことをしても、お母さん・お父さんはご飯をつくってくれるし、お小遣いをくれるわけです。

遊び仲間は違いますね。子どもが外で友だちと遊ぶときには、たとえば、みんなと仲よくするというルールを守らないと一緒に遊んでもらえません。ケンカをすれば仲間外れになってしまいます。

つまり子どもは、**遊び仲間と一緒にいるときには、無意識的に家族といるときよりも建設的な行動を取っている**のです。

家族に対しては、ギャーギャー泣いたり、物を蹴ったり、いたずらをしたりします。けれども、遊び仲間に対してそんな身勝手な態度を取ると、ケンカになって仲間外れになる可能性がある。なので、子どもなりに「場」によって自分の行動を調整しているわけです。いわば要求から提供へのマインドセットの変更ですね。

その意味では、フェイスブック的なチームというのは、まさに提供ベースの遊び場なのかもしれません。

「引き算の評価」で好ましい結果や行動を引き出す

「遊び場」とはいえ、メンバーに対する合理的な「評価」の遂行もマネジャーには必須の役割です。

メンバーに対するマネジャーの評価では、たとえば営業だったら、売上目標の達成はもちろん大切ですが、「どういうふうに売っているのか」とか「お客さんとどう接しているのか」といった行動ベースのことも対象になります。

当然ながら、社内での行動も評価の対象です。確かに売り上げを立てているけれども、建設的ではない態度で周りの人にネガティブな影響を与えているという場合には、評価が低くなるわけです。

グーグルでは、こうした行動ベースの評価の仕方は、いわば１００％からの引き算でした。「グーグルに入る人間は完全にこういう行動を取る」という期待があるので、それができないなら評価が下がるという、極めてシンプルなものです。

もちろんマネジャーは、そうした評価に至った事情についてメンバーに伝えないといけません。「売り上げも立てているし、チームでもよくやっているから普通なら評価5なんですが、隣のマネジャーから、うちのチームとずっともめていて、うちのメンバーがすごく悩んでいるという報告がありました。だから5ではなくて4。建設的な態度を取っていただかないと評価5にはなりませんよ」という具合に――。

要するにマネジャーは、ＯＫＲベース（223ページ参照）のフィードバックに加えて、行動ベースでもメンバーにフィードバックしないといけないということです。グーグルでは、そうしたフィードバックができているかできていないかが、マネジャー自身の評価にも直結します。

念のため確認しておきますが、フィードバックというのは、「あなたはこうですよ」ということを伝えてさえいればよいというのではなくて、好ましい結果や行動につながらないと意味がありません。つまり、フィードバックとコーチングは一体ということです。

チームで生み出した結果も公正に評価する

メンバー個人に対してだけでなく、チーム全体について評価するのもマネジャーの役割です。特定のメンバー一人で生み出した結果なのか、チームで生み出した結果なのか、マネジャーはよく見て公正に評価しないといけません。

たとえば営業チームで、個人の顧客に電話をかけて営業をするというのなら担当者一人の力が大きいでしょう。一方で、法人相手の案件を長期に担当するアカウントマネジャー的な営業マンなら、常に他のメンバーたちと連携しながら大きなプロジェクトを動かしているはずです。

プロダクト・スペシャリストのようなメンバーもいますね。その人がプレゼン資料をつくって、担当の営業マンに「こういうふうにつくったから、こういうふうにプレゼンしてください」と渡して、現場には同行しない。ただその結果、売り上げが立つ――。

要は、それぞれのメンバーの仕事内容や役割分担を把握しているマネジャーであれば、個人のアウトプットは何%、チームのアウトプットは何%などと数値化して、メンバーとチームの成果をきちんと区別して評価できるわけです。

第6章

劇的に生産性を上げる仕組みのつくり方

「お仕着せの仕組み」には意味がない

よく「グーグルのような人事制度を導入したい」と相談されることがあります。バカげた話だと思いますね。いくら成功モデルとはいえ、他社の「仕組み」をそのまま自分の会社で使ってうまくいくはずがありません。

人事制度など会社組織を機能させる仕組みというのは、その会社のミッションやビジョン、ビジネスモデルから逆算して構築していくものなのです。

たとえば、喫茶店の経営を考えてみましょうか。まず「その喫茶店がどんな価値を世界にもたらして売り上げを立てていくのか」という大きな枠組みを考えますね。それがないと何も始まりません。

そして「笑顔で話せる場をつくろう」と決めたとします。そこから、お店をどんなデザインにするのか、どんな音楽を流すのか、スタッフにどんな制服を着せるのか、スタッフがどんなしぐさや話し方でお客さんに接したらいいのか、といったことを考えます。

　会社の人事制度も同じです。どういう人を採用するのか、人材をどう育成するのか、成果をどう評価していくのか、そのためにどんなツールを使うのか。そういったことは、社員同士がどんなふうに接しているのか、その会社がどんな価値を生み出しているかによって、最適なものが変わってくるわけです。

ルールブックをつくる前に必要なこと

　ちなみに、コンプライアンス・ルールについて（これも仕組みですね）。明文化されたひな型を欲しがる担当者がいますが、僕は必要ないと考えています。

　細かいコンプライアンス・ルールの教科書を渡して、「このルールを守りなさい」と指導するよりも、たとえば「セクハラは絶対にダメ」とか「お金の無駄遣いは絶対にダメ」といったことを、みんなが毎日の行動ベース、価値観ベースの会話を通じて理解しないと意味がないと思うのです。

　セクハラ研修といったものも、ただ受講させればいいというものではないでしょう。「相手に敬意を払って接する」というのは、男女問わず日常の行動そのものであって、座学で話を聞けばすむというものではありません。「そういうのはダメ」とか「下ネタはやめましょう」といったことは、ルールブックをつくる前に、すぐその場で行動の改善を促さなければいけないと思いますね。

むやみに新しいコンピュータ・システム（仕組みそのものでしょう）を導入したがる担当者というのも、これに似ています。

たとえば最新の会計ソフトであっても、面倒くさい情報を大量に入れないといけないのであれば、経理部に直接伝票を手渡したほうが早いかもしれません。手渡しのほうが生産性が高いのなら、わざわざ面倒くさい会計ソフトを導入する必要はないわけです。

念のため断っておきますが、「だから、仕組みづくりは必要ない」と言っているのではありません。むしろその逆で、いい会社ほどすごく「仕組み化＝自動化・パターン化」されています。

つまり、グーグルの例などを参考にしながら、自分のチームにとって最適な仕組みというものを積極的に考えてほしいというのが、この章での僕からの提案なのです。

「自動化・パターン化」でチームの心理的安全性を高める

グーグルは自動化・パターン化が大好きです。 テクノロジーによるタスクの自動化はもちろんですが、社員の行動にかかわる事柄がとてもよくパターン化されています。

先の章で紹介した毎週のTGIF、四半期ごとのOKR、マネジャーとのワン・オン・ワンなども、だれにでもわかる簡単な仕組みになっていて、いわば「自動化・パターン化」されているわけです。

たとえば、OKRのアップデートは完全にシステム化されていて、チームで「グーグル・ドキュメント」で共有して、メンバーがいつでもアクセスできる仕組みになっていました。「私はこういうふうに仕事をしています」「あの仕事はこういうふうに進んでいます」ということをメンバーみんなが共有しているなら、「あいつサボっているんじゃないか？」といったメンバー同士の疑心暗鬼は起こりにくくなります。

その意味では、自動化・パターン化もチームの心理的安全性を高めることにつながるというわけです。

また、**グーグルはうまくいかない仕組みを改善するスピードも速かった**ですね。たとえば、経理部で「この会計ソフト、面倒くさい」となったら、うまく使えないのはどんな理由があるのかすぐに検証して、人の行動やシステムを見直すわけです。新しい仕組みを1カ月ほど試して効果がなければ違うものに変えるということは、どの部署でもよくありました。

チームの仕組みづくりを考えるうえでの前提

さて、チームのプロセスやタスクをどんなふうに仕組み化＝自動化・パターン化していったらいいのか。まず、ここまでいろいろと説明してきたマネジャーの役割について、簡単に整理しておきましょう。それがチームの仕組みづくりを考えるうえでの前提になります。

①安全な「場づくり」
②チームのゴール設定
③パフォーマンスの評価
④人材の育成
⑤チームの代表として動くこと

①は、メンバーの心理的安全性を守ること。もっとも大事なチームづくりの土台ですね。②は、会社のミッションやビジョンの「落とし込み」です。マネジャーが中心になってメンバーと一緒に決めなければいけません。

③で誤解してほしくないのは、ここで言う評価は「メンバーに点数をつける」といった意味ではないということ。マネジャーによるメンバーの評価は本人に定期的にフィードバックされないと意味がありません。本人が設定したゴール＝ＯＫＲに向かっているかどうかを伝えて、アウトプットを引き出すためのものです。

④については、コーチングの重要性について繰り返しお話ししてきました。⑤は、チームの評価が自分の評価であるということですね。

このマネジャーの５つの役割を踏まえて、どんな仕組みがチームに必要なのかを考えな

いと意味がありません。

また当然ながら、営業ならこう、エンジニアならこう、経理ならこうと、仕事によって違いは出てきます。また、同じエンジニアチームでも、新しいイノベーションを生み出すチームなのか、セキュリティーを守るチームなのかによっても違ってくるでしょう。

たとえば経理なら、ミスをしないこと、ルールを守ることが大事です。だから、職場は騒がしいよりも静かに集中できる環境のほうがいい。エンジニアなら、一人で集中して作業するときと、みんなでディスカッションするときがあるので、うまく使い分けられるような環境が必要です。

もちろん、**どんな仕事についても仕組みづくりの目的は、「メンバーの心理的安全性を守りながら、よいアウトプットを生み出すため」であることに変わりはありません。**

たとえばグーグルのエンジニアチームは、「早めに失敗する仕組み」になっていました。とりあえずプログラムをつくってみて失敗して、みんなで学習する。それが繰り返されるような仕組みです。

つまり、お客さんに出す前に問題点がわかることが重要であって、失敗は心理的安全性を脅かすものではなく、よいアウトプットを生み出すためには不可欠だという考え方が徹底しているわけです。

まずは、ちゃんとしたものでなくていい。とにかくやってみる

チームのゴールを決めて、どういうふうに達成していくかというのは、まさにマネジャーとメンバー次第です。もちろん、できるだけ低コストで、できるだけ大きなインパクトのあるアウトプットを出したい。そのための仕組みづくりです。

低コストということで言うと、グーグルには「ビィ・スクラピー（Be scrappy）」という、いわば合言葉がありました。

スクラピーというのはスクラップ＝くず、残り物のこと。ちゃんとしたものでなくていい、一番安いものを使ったり既存の断片を集めたりしてとにかくやってみるという考え方です。コストパフォーマンスを高めて、素早い動きを繰り返すための合言葉ですね。

グーグルのエンジニアチームの早めに失敗する仕組みは、「ビィ・スクラピー」そのものと言えるでしょう。

とにかくやってみて、すぐに「振り返り」

とにかくやってみて、そのたびに第4章で紹介した「振り返り」を行っていけばいいのです。

「自動化・パターン化」も含む、人・テクノロジー・プロセスの最適化について、僕の会社では毎月1回、スタッフみんなが集まって「いまやっていることに意味があるのか。意味がないのなら、何をするのか」という振り返りを、一日かけて行っています。

「お客さんに約束した価値をちゃんと提供しているのかどうか」の確認から始まって、「役割分担は正しいのか」とか「学んだことは何か、どんな気づきがあったのか」とか「どういう仕組みができるのか」といったことをディスカッションするわけです。

グーグルでは3カ月に1回くらいでしたね。たとえば、各地域のヘッド（僕はこのチームのメンバーの一人というわけです）が合宿して振り返りを行い、徹底的に話し合っていました。

もちろん、**こうした振り返りは定期的に行うというよりも、やはり「一瞬一瞬」で行うべきもの**でしょう。

メンバーの行動を見て、チームが生み出さなければいけない結果をちゃんと出しているのかどうか。もし結果が出ていないなら、日常の行動ベースで何をどういうふうに変えていくのか。プロセスの中に問題があるのではなく、たとえばマネジャー自身の行動がアウトプットの邪魔をしている場合だってある――。

人・テクノロジー・プロセスの最適化のためには、常に振り返りながら、常に変えていくことが必要なのです。

はっきりした「チームのゴール」があるから、仕組みが生まれる

チームマネジャーには、「仕組みベースでメンバーの行動をつくる」という大事な役割があります。つまり、**マネジャーは「私たちはこういうアウトプットのためのチームなのだから、みんながこういうふうに働いたら、結果が出る」ということを判断しなければいけないわけです。**

ただ、残念ながら多くの日本企業のマネジャーは、「チームのゴール」をはっきり決めないまま、「こういう仕組みで行きましょう」と、いわばマニュアルを渡すだけにとどまっている印象なのです。

そんなやり方では、メンバーは決して生産的に働けませんね。まずゴールを決めて、そのゴールに向かって人・テクノロジー・プロセスを仕組み化しないと、大きな成果を生み出すことはできないはずです。

「会社のビジネスモデル」の把握から始める

では、なぜ日本企業のチームマネジャーは「ゴール」を決定できないのか。それは、自分たちが生み出そうとしている価値が何なのかわかっていないからでしょう。だから、その価値に対して自発的に考えることも行動することもできない――。

つまり、**業務の仕組み化の前に変えないといけない「マインドセット」の問題があるわけです。**

にもかかわらず、外から借りてきた仕組みだけを取り入れたらうまくいく、生産性が上がると考えているビジネスパーソンが多いのはどうしてなのでしょうか。

人事の担当者が僕によくこんな質問をします。

「他の会社はどうやっているんですか？」

それを知ってなんの意味があるのか、僕にはよくわかりません。たとえば自動車メーカーで言うなら、スズキがポルシェの仕組みを真似ても意味がないでしょう。スポーツカーのポルシェと軽自動車のスズキでは、ブランドイメージが異なるし、顧客のニーズも違うわけです。

これも業務の仕組みではなく、考え方の枠組みの問題ですね。**自分たちの会社の生み出している価値、つまり会社のビジネスモデルをちゃんと把握できていないから、「この会社にはこういう仕組みが必要だ」と言えない**のです。

「ＯＫＲ」で各メンバーの自発的なゴールを設定する

ビジネスチームのメンバーは、より大きな成果を出すためにベストのパフォーマンスを提供するわけですが、そのための仕組みとして大事なのが各メンバーによる自発的なゴール設定である「ＯＫＲ」です。

よいＯＫＲの条件

ＯＫＲを設定する際のポイントは、次の５つです。

①大局的視点に立った戦略目標を、測定可能な具体的目標と組み合わせる

②野望を掲げる……達成度70％程度がうまく練られたＯＫＲで、達成度１００％は質の低いＯＫＲと判断される

③全員実践する……社内の全員がＯＫＲを実践し、面談で定期的に振り返る

④ＯＫＲ≠評価……ＯＫＲのスコアを「直接の評価」にはしないことにより、社員が正直に自分のパフォーマンスを振り返るようになる（ただし、工夫次第で評価にも生かせる＝次ページの❹参照）

⑤ＯＫＲは最大インパクトをもたらす目標に絞る……業務全体を網羅しようとせず、特別力を入れるべき分野に絞ってもよい

また、ＯＫＲは「ＳＭＡＲＴ」でなくてはなりません。ＳＭＡＲＴとは、目標設定時のポイントとして知られているフレームワークで、次のような意味です。

・**Ｓ（Specific、具体的）**……何に取り組むのかが、だれにでもわかる

・M（Measurable、測定可能）……数値化でき、計測できる

・A（Attainable、達成可能）……頑張れば達成可能な目標を設定する（簡単すぎても、難しすぎてもいけない）

・R（Relevant、関連性）……組織やチームの目標に関連している

・T（Time-bound、期限）……期限を設けて、期限までに達成する

加えて、OKRを運用する際には、次のような点に気をつける必要があります。

❶四半期の初めに経営陣が会社のOKRを設定し、社員が自分のOKRと一致させる

❷OKRはいつでもだれのものでも見られるよう開示する

❸定期的なワン・オン・ワンで振り返ることで、習慣づける

❹目的に応じて、評価制度との組み合わせを工夫する（たとえば、成果重視なら達成スコ

アを評価に反映する、姿勢重視なら取り組む姿勢を数値化し評価にプラスするなど）

❺組織全体で支援し、他メンバーのOKRにもコミットする文化を醸成する

基本的にOKRは、トップダウンで決められている「KPI」（重要業績評価指標、たとえば営業だったら売上目標の金額や顧客訪問の回数など）を考慮しながらも、四半期ごとにボトムアップで設定していくものです。なおかつOKRは、見直しや調整が前提です。

僕はグーグル時代、週1回のワン・オン・ワンでメンバーと「このOKRはどう?」などと話して、そのOKRに意味がないと気づいた時点ですぐに捨ててもらうようにしていました。

OKRは経営トップが設定している大きいミッションと密接につながっています。いくらボトムアップとはいえ、その枠組みは外せません。

「うちはこういう会社だよ。それにあなたはどんな貢献をしていくの?」

という経営トップの問いに対する従業員の答えがOKRなのです。当然ながら、その答え＝OKRは個人レベルにとどまらず、チームレベル、部署レベルでも決めていく必要があるわけです。

つまり、いまメンバーがやっている仕事は会社のミッションやビジョン、ビジネスモデルとどういうふうにつながっているか、それを達成するために本当に意味があるのかということを、常に確認するのがマネジャーの大事な役割なのです。

生産性を高める「OKR」設定のコツ

多くの日本の大手企業では、いま述べたOKR＝ゴール設定が本来的な目的からかけ離れて行われているように思います。

たとえば経理の仕事なら、「私たちは経理部のチームです。だから毎日ここに座ってエクスペンス・レポート（経費報告書）を整理しましょう」といったプロセスやタスクをゴールに設定しているのではないでしょうか。

OKRは、いまやっている仕事のプロセスを守るためにあるわけではありません。経理チームのゴール設定なら、本来的にはこんなふうになってもおかしくないでしょう。

「エクスペンス・レポートって、面倒くさいよね。だから書くんじゃなくて、システム上で整理したほうがいいと思う」

「いいね。じゃあ、今期のうちのチームのOKRは、エクスペンス・レポートを整理する仕事をなくしていくということにしよう」

つまりOKRは、会社の利益のために何を達成するかという大きなゴールから逆算して考えるべきだということ――。

自分たちのチームのタスクをなくすことは、作業コストの削減による全体利益の増大につながりますね。なので、OKRの本来的な目的にかなったゴール設定と言えるわけです。

プロセスやタスクをゴールに設定していては、生産性の飛躍的な向上は望めませんね。

グーグルには、「いまの10倍の成果が出るように考えよう」という「10X《テン・エックス》」と呼ばれるカルチャーがあるので、プロセスやタスクの効率をほんの少し向上させるようなOKRを掲げる社員はいませんでした。

たとえば営業チームでも、四半期の売上目標だけではなくて、新規顧客の獲得とか営業部内の人事プロジェクトといったプラスアルファもOKRに入れ込みます。

つまり、「新しい価値をつくらなきゃならない」と考えることが営業チームにとっての10Xなのです。単に「売り上げをOKRにしたらいいんじゃん」と考えている営業チームには、生産性を高めることは、やはり不可能ではないでしょうか。

「だれが何を達成したか」をみんなでシェアする

第5章で紹介したワン・オン・ワンを通じて、マネジャーはメンバーそれぞれの仕事の進捗状況（ゴールと達成までのプロセス）を把握するわけですが、生産性を高めるためには、それをチームでしっかり共有することが大事です。

つまり、Aさんがあれをやった、Bさんがこれをやったということをメンバー全員でシェアする仕組み、からくりが必要なのです。

グーグルには、だれが何を達成したかをみんなでシェアするためのツール、仕組みがいろいろありました。

たとえば**「スニペッツ（Snippets）」**。毎週金曜までに個人個人がその週に達成したことや来週することのスニペット（Snippet、情報・ニュースなどの抜粋）を所属チームのマネジャーのドキュメント・フォルダに入れます。マネジャーはそれにチームとしてのスニペットをつけて、上司のドキュメント・フォルダに入れます。上司はさらに上のレベルへ。最終的にトップの秘書が編集して、世界中の全社員に「スニペッツ」としてシェアするという仕組みです。

スニペッツは、みんな本当によく読んでいました。**チームや自分の仕事ぶりをグローバルにアピールできるのですから、社員のモチベーションを高める効果もある**わけです。

建設的な競争を促す

スニペッツには、建設的な競争を促す効果もあります。他のチームがどんな仕事をしているのかということは、やはり気になるものなのです。

「そうか、アジア・パシフィックのあのチームはこんなかっこいいことをやっているのか。うちのチームはこんなことしかやっていない。来週は、みんなでもっと頑張ろうよ」

そんなチームとしての前向きな競争意識が自然に芽生えるわけです。

だから、「さっきスニペッツで見たんだけど、面白そうなプロジェクトをやり始めたね。20％ルールを使って協力したいから、詳しく教えてくれない？」といったやり取りが、いつもグローバルに行われています。**スニペッツのおかげで、かっこいいチームの周**

りにフォロワー（追随者）が自然に増えていくわけです。

グーグルでは「チーム単位」で評価される

チーム単位で評価されるというのは、プロジェクト・オキシジェン以来、グーグルの「文化」になっていると言えるでしょう。だからスニペッツのような仕組みもあるし、チームの中で仕事をサボって怠けているようなメンバーは、他のメンバーからすぐフィードバックされて、マネジャーにも報告されます。**グーグルというと、まったくの個人主義で放任主義というイメージがあるかもしれませんが、じつはかなり集団主義的なのです。**

そしていい意味で、グーグルの社員は自分の人生を会社の中に持ち込んでいます。だから心理的安全性をベースにしたフランクな対話を求めるし、達成感を得ている仕事内容をシェアするし、ほかの人とのコラボレーションを欲するわけです。

ちなみに、グーグルではポリティカル（政治的）な人はすごく嫌われます。たとえば、スニペットを大げさに書いたり、ほかの人のスニペットをけなしたり――。そういう人が20％ルールを使おうとしてもプロジェクトに参加させてもらえません。早々にグーグルを辞めてしまった人の中にはポリティカルな人が多いと思いますね。

同僚に御礼ができる「ピアボーナス」

グーグルで印象的だった仕組みの一つに「ピアボーナス」があります。**これは同僚《ピア》（Peer）にボーナスをあげられるという制度**で、社員一人ひとりに約1万5000円の決裁権が与えられていて、この人にあげたいというときには、いつでもシステムに相手の名前とその理由を入力できるというもの。一応、マネジャーが承認しないといけないのですが、3日間で自動承認されてボーナスが支払われるという仕組みになっていました。

たとえば、プロジェクトで困ったときに、わざわざ一日つぶして手伝ってくれた同僚にピアボーナスをあげる。その人のおかげでお客さんがすごく喜んだ、リスクを減らせたということであれば、1万5000円払う価値は十分にあるでしょうね。

当然ながら、特定の人に何度も払うといったことが起きないように、1年間で払える人数や回数は決められています。

マネジャーの承認が必要というのにも意味があって、マネジャーがピアボーナスの申請メールを見て、「頑張ってくれたんだね、ありがとう」と、メンバーを褒めることができるからです。みんな、マネジャーに自分の頑張りを認めてほしいのです。

言うまでもなく、こうした仕組みもメンバーの心理的安全性を高めるために一役買っているわけです。

ちなみに、メルカリでもピアボーナスの仕組みを取り入れているそうです。

個人評価をなくし、プロジェクトを評価する

チーム単位での行動を直接的に促す仕組みとしては、「**ペア制度**」があり、これもおすすめです。**フラットな組織管理体制の構築を目指す「ホラクラシー（Holacracy）」の考え方の一つで、プロジェクトには必ず2人（ペア）で責任を持つようにして、個人評価をなくします。**評価は、個人単位ではなく、プロジェクト単位で行うのです。当然、この場合のOKRは、2人で納得できるものを考えなくてはならず、同じ目標を追いかけることになります。

僕が経営するプロノイア・グループでもペア制度を導入していますが、困ったときにはお互いに相談しやすいですし、サボったりすることができないため、アイデアの質も高くなりました。

「報・連・相」はやりすぎぐらいでちょうどいい

じつは、**僕がグーグルに入って一番驚いたのは「オーバーコミュニケーションが大切にされている」ということでした。**

アンダーコミュニケーションというのは「報（報告）・連（連絡）・相（相談）」が足りない状態、オーバーコミュニケーションというのは「報・連・相」をやり過ぎている状態のことです。

グーグルのマネジャーには、毎日たくさんのメールが入ってきます。個人個人のスニペット、プロダクトのアップデート、ピアボーナス――あらゆることが情報共有される仕組みになっています。

その量の多さには、きっとだれもがびっくりすることでしょう。僕も最初のうちは大量のメールを見て、「これ、全部やらなきゃならないの！」と頭を抱えてしまいました。

もちろんそうではなくて、**その情報が自分に必要かどうかを自分で判断して自発的に動くということが求められている**わけです。

要するに情報共有されるメールというのは、「これをやってください」というような、いわば仕事の依頼ではなくて、ほとんどが「これがあるので必要なら動いてください」というような、いわば報告なのです。

マネジャーはチームのエバンジェリストであれ

とはいえ、なぜオーバーコミュニケーションが仕組み化されているのか。

グーグルではみんな自分がどれくらい仕事しているのかどんどん報告します。そのために、報告しない人はその存在が忘れられてしまいかねません。だから、みんなどんどん報告するわけです。

当然ながらチームのマネジャーにもオーバーコミュニケーションが求められます。「うちのチームは今週、これやりました」とか「今日あったすごくいい事例です」とか「Aさんは頑張ってくれました」といった報告を、みんなにいちいちシェアしておかないと、「あいつら、何もしていない」と思われてしまいかねないのです。

グーグルでは、それができないマネジャーはまったく評価されません。僕も慣れるまでは、上司に自分のチームのスニペットを報告し忘れてよく怒られました。

つまりグーグルには、「マネジャーはチームのエバンジェリスト（伝道者）でなければならない」という文化があるわけです。

なぜそのような文化が根付いたかと言えば、個人やチームのブランディングにかかわるからでしょう。

せっかくいい仕事をしていても、そのことがシェアされていないとだれにもわかりません。シェアされていれば、20％ルールを使って「かっこいいね、自分も手伝いたい」という人がどんどん集まってきて、より大きなインパクトのアウトプットを生み出す可能性が出てきます。

その中心に自分や自分のチームがいるということは、当然ながらブランディングに直結します。だから、みんな頑張って自分やチームの仕事ぶりをアピールするわけです。

つまり、ブランディングを妨げるシェアしかできないマネジャーには大きな成果が期待できないということ――。評価が下がって当然ですね。

ちなみに20％ルールには、「いまと違う職場で自分のスキルを高めて、違う仕事もできるようにする」という、いわばトレーニングの機能もあります。

グーグルではみんなよく異動します。組織改編が多いので仕事内容も変わりやすく、次のチームに行くか、違う仕事をするかといった選択を迫られることがたびたびあるのです。その際は、もちろん自分で決めないといけません。

つまり、こうした組織改編にともなう選択の幅を広げることにも、20％ルールは一役買っているわけです。

マネジャーはチームメンバーのアウトプットで評価される

当たり前の話ですが、実際に大きなインパクトのアウトプットがないと、みんなに報告したくても報告できません。

ただ**マネジャーの役割は、自分自身がアウトプットを出すことではなくて、あくまでもメンバーのアウトプットを最大限に引き出すために「判断する」こと**です。

なので僕はグーグル時代、自分のチームのメンバーには「手ぶらで〈どうしたらいいですか？〉と聞かないでください」とお願いしていました。

「これか、これか、これか、どれがいいか教えてください」とか「こうつくったので見てください。ポイントはこれです」といった、たたき台がないと、マネジャーとしては判断できないし、メンバーやチームのブランディングに役立つようなアピールができないわけです。

こうした「コミュニケーションのルール」もチームに必要な仕組みの一つと言えるでしょうね。

他のチームとの接点を増やせば、「思いがけない発見」も増える

グーグルでは、**セレンディピティ（思わぬものを偶然に発見すること）**にかかわる仕組みも印象的でした。

簡単に言うと、グーグルという会社の文化とは「すごいことを自発的にやる」ということです。みんながいつも「すごいことって、なんだろう？　どこにある？」と考えていて、探し求めています。

なので、自分の仕事の領域や役割を超えた人たちとできるだけ接すること、つまりセレンディピティが重視されるわけです。**自分が所属する縦割りの範囲内や自分と同じレベルの人とつき合っていても「思いもよらない、すごいもの」を見つける可能性は、ほとんどゼロですからね。**

その意味では、社長に直接質問できる毎週金曜の全体ミーティング「ＴＧＩＦ」もセレ

ンディピティにつながる仕組みと言えます。

また、オフィスのレイアウトがセレンディピティを促すような仕組みになっています。たとえば、チームごとにデスクの配置を好きなようにアレンジできるというのもその一つでしょう。

顔を合わせて仕事をしたほうがいいのなら向かい合わせ、一人ひとり集中したほうがよければ放射線状に背中合わせにする。立ちながら作業できるスペースを設けたり、一人になれる個室ブースをつくったり、ど真ん中にみんなでブレストできるテーブルを置いたりと、チームによっていろいろな違いが出てきます。

要は、チームの数だけ「コミュニティ」があるというような雰囲気ですね。つまり、他のチームをのぞくだけでも「思いがけない発見」が期待できるわけです。

そして、フロアのセンターには「マイクロキッチン」が設置されていました。お菓子や飲み物が置いてあって、みんなそこに取りに行くわけですが、面白いのは、キッチンに出入りする通路がかなり狭くなっていること——。

なぜ、わざと狭くしたのか。じつは、人がすれ違うときにぶつかりやすくするためなのです。ぶつかったら、そこで「思いがけない会話」が交わされます。その偶然の出会いが、何かすごいものを生み出すきっかけになるかもしれません。もちろん恋が芽生えても、それはそれですごいことでしょう。

マイクロキッチンの狭い出入口は、グーグルのセレンディピティ文化をわかりやすく表現していると思います。

いまの自分の仕事をなくしていくのが、マネジャーの仕事

なんのために人・テクノロジー・プロセスを仕組み化するのか。簡単に言えば、自分がここにいなくても仕事が回るようにするためです。つまり、いまの自分の仕事をなくして違う仕事をするためなのです。

その意味でも、日本式のプレイング・マネジャーは、どんどん部下に自分の仕事を任せていくべきだと思います。そして、いまの自分よりも上のレベルの仕事をどんどん増やすように心がけてほしいのです。

もし「面倒くさい」とか「つまらない」と感じているなら、なおさらでしょう。**自分がやるのではなく、違う人にやってもらったほうが建設的ですね。自分は違う職場に異動したらいいだけのことです。**

戦うフィールドは社外にも広がっている

ただ、残念ながらこうした働き方ができない会社も少なくないでしょう。日本には真っ当な「組織開発」ができていない会社がいまだに多いようですから（先の章で紹介した「オールドエリート」の例で十分でしょう）。

それでもチームの代表者として、ぜひ上司たちと戦って一歩ずつでも実現していってほしいと思います。

先の章で「経営判断の核心はインパクトと成長」と述べました。それを第一に考えている上司たちなら、「自分のチームをこうしたい」「自分の働き方はこうしたい」とプライドを持って説得していれば、必ず通じるはずです。もし戦って戦って、どうしても上司たちの判断が変わらないときには、会社を辞めたらいいだけのことです。

決して恐れることはありません。自分が持っているスキルやポテンシャルを十分に発揮できる環境は、いまや世界中どこにでもあるのですから。

社会主義だったポーランドの田舎の村で生まれ育った僕が大丈夫だったのですから、日本のビジネスパーソンにできないはずがありませんね。

おわりに――日本ならではのやり方も、もう一度見直して！

日本で働き始めて18年ほどになりますが、外国人である僕が個人的に日本企業で面白いと思ったのは、一番大事なことが決まるのが、アフター6の飲み会においてだったということです。それだけでなく、社員が抱える悩みや今後のキャリアといった根本的な話もされていましたし、ときにはガス抜きの場にもなっていました。

これは、ほかの国から見ると、あまりない文化のようにも思います（僕が経験した限りでは、ということですが）。海外では、だいたいの人は時間がくるか、仕事が終われば帰宅しますし、そもそも、車で通勤しているので、「帰りにちょっと一杯」ということができない、ということもあります。

その分、多くの外資系企業では、部下との面談について細かくルール化されています。たとえば、週に1回は現状進んでいる仕事に関して打ち合わせをしなければいけないとか、何カ月に1回は、コーチングとして、キャリア全体の話をしなければならないとか。

おそらく、日本では、こうしたことは「飲みニケーション」の中に吸収されている部分もあったのではないでしょうか。

飲みニケーションに少し似ているのは、第5章でも紹介したグーグルのTGIFでしょうか。TGIFは、毎週金曜日の午後グーグル本社で行う全社的なミーティングのことですが、その場にはお酒や食べ物もあって、参加者同士がフランクに議題について話し合います。社長や幹部のプレゼンに対し、率直な質問をすることも可能です。

このほかにも、グーグルには、幹部に質問ができる制度や、部活などの仕事以外の人間関係を醸成する場がたくさんあります。日本企業でも、たとえば、リクルートホールディングスの常務執行役員の北村吉弘氏は社内で「Stay young（若い考え方を持ちましょう）」と呼びかけ、いま、部活の活性化に力を入れているそうです。

こうした場は、ただ「風通しがよくなる」だけではなく、生産性にも大きく影響してきます。本書で説明してきた「心理的安全性」を高めることにも一役買っているからです。

残念ながら、いまは、コストやコンプライアンスの問題、個人の意識の変化などがあり、「飲みニケーション」も減ってしまったと言われます。もともと、外資系企業のように「フィードバック」の仕組みを持たない企業も多いですから、上司と部下との距離感が微妙に遠くなり、それが会社全体の意思決定の遅れや生産性の低下にもつながっている部分があるように思います。

グーグル、アップル、アマゾンでは、社風も、働き方も、何に目を向けているのかも、ぜんぜん違います。だからこそ、各社のやり方もそれぞれに異なっています。僕は日本でいろいろな会社にお邪魔してきて、この会社はすごい、面白いと感じることがたくさんありますが、本人たちが気づいていなかったり、自信を持てなかったりすることが多いように感じ、ものすごくもったいないと思います。

必ずしも「飲みニケーション」や「社員運動会」が正解なわけではないかもしれませんが、日本企業も、自分たちなりのよいやり方をもう一度見直してほしいと思います。それでチームが一体感を持てるなら、再び取り組んでみる価値はあるのではないでしょうか。

この本を読んで興味を持ってくださった方は、フェイスブック(Piotr Feliks Grzywacz)やツイッター(@piotrgrzywacz)、個人のウェブサイト(www. piotrgrzywacz.com)のほか、僕が経営しているモティファイという会社のウェブサイトで配信しているブログやポッドキャスト(www.motify.work /batteries/)もご覧いただけたら幸いです。今後も、

『シリコンバレー流の下積み』（仮題）などのテーマで出版を予定しています。
ぜひ一緒に、日本の会社を、そして世界を、どんどん変えていきましょう。

最後になりますが、この本は編集の喜多豊さん、高橋和彦さんの多大なご協力なしには生まれませんでした。
そのほかに、青木千恵さん、池原真佐子さん、坂本愛さん、世羅侑未さん、鶴田英司さん、殿岡弘江さん、平原依文さん、星野珠枝さん、細見純子さん、丸山咲さんにも、この場を借りて感謝申し上げます。

２０１８年７月
ピョートル・フェリクス・グジバチ

●著者略歴

ピョートル・フェリクス・グジバチ

(Piotr Feliks Grzywacz)

プロノイア・グループ株式会社 代表取締役／モティファイ株式会社 取締役 チーフサイエンティスト。
プロノイア・グループにて、企業がイノベーションを起こすため組織文化の変革コンサルティングを行い、その知見・メソッドをモティファイにてテクノロジー化。2社の経営を通じ、変革コンサルティングをAIに置き換える挑戦をする。
ポーランド生まれ。2000年に来日し、ベルリッツ、モルガン・スタンレーを経て、2011年、Googleに入社。アジア・パシフィック地域におけるピープル・ディベロップメント（人材開発）に携わったのち、2014年からはグローバル・ラーニング・ストラテジー（グローバル人材の育成戦略）の作成に携わり、人材育成と組織開発、リーダーシップ開発の分野で活躍。2015年に独立して現職。
著書に、『0秒リーダーシップ』（すばる舎）、『世界一速く結果を出す人は、なぜ、メールを使わないのか』（SBクリエイティブ）、『ニューエリート（NEW ELITE）』（大和書房）、『Google 流 疲れない働き方』（SBクリエイティブ）、『日本人の知らない会議の鉄則』（ダイヤモンド社）、『人生が変わるメンタルタフネス』（廣済堂出版）がある。

世界最高のチーム
グーグル流「最少の人数」で「最大の成果」を生み出す方法

2018年 8 月30日 第1刷発行
2021年11月30日 第9刷発行

●著　者　ピョートル・フェリクス・グジバチ
●発行者　三宮博信
●発行所　朝日新聞出版
〒104-8011 東京都中央区築地 5-3-2
電話　03-5541-8814（編集）
03-5540-7793（販売）
●印刷所　大日本印刷株式会社

定価はカバーに表示してあります。

ISBN978-4-02-331728-4